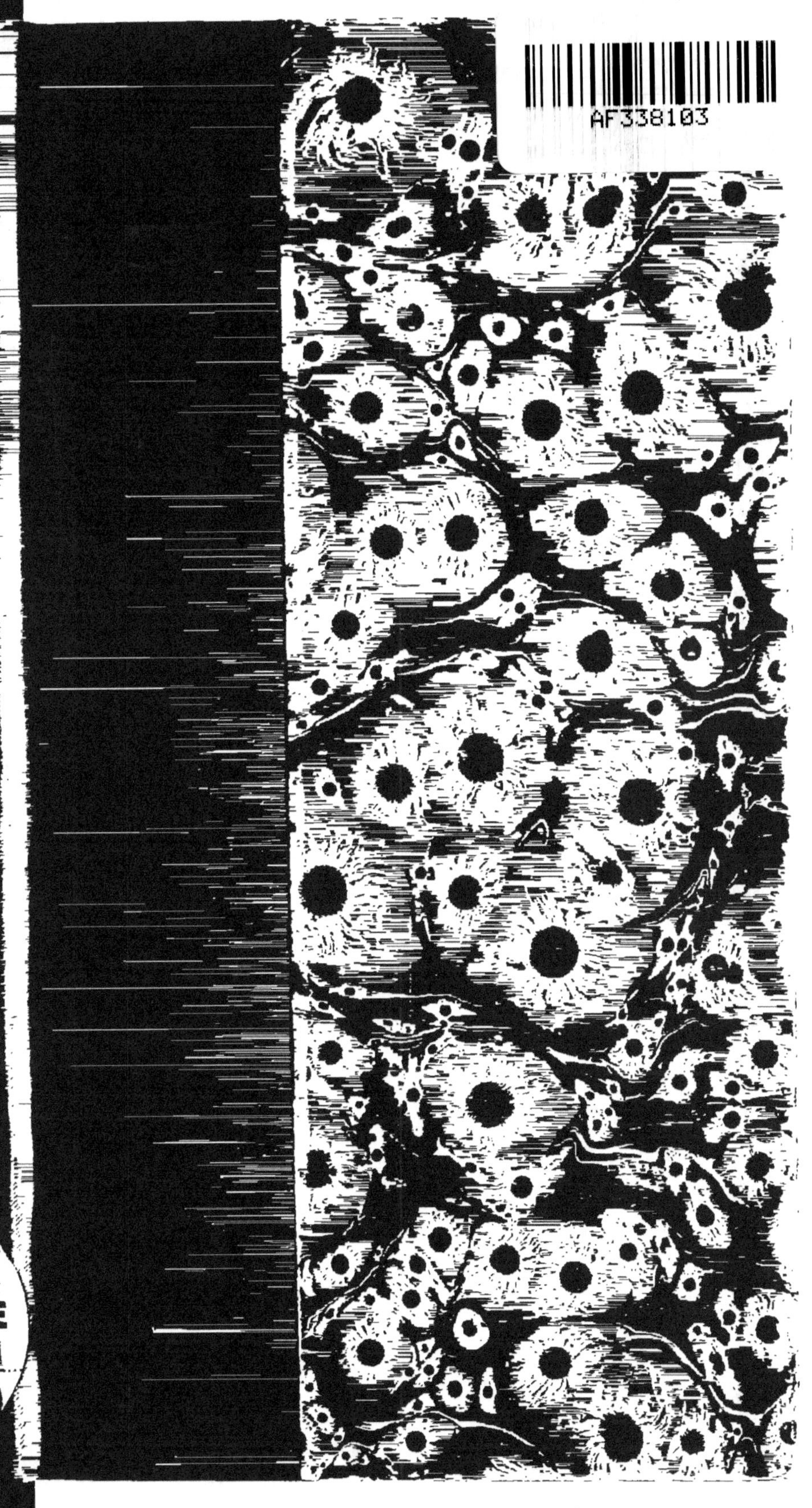
AF338103

L'ART D'AIMER A LA MODE.

A PARIS, PLACE DE SORBONNE,

Chez GABRIEL AMAULRY, au coin de la ruë
de Richelieu, à l'Annonciation.

M. DCC. XXV.

Avec Approbation & Privilege du Roy.

CATALOGUE

Des Livres imprimez à Paris, chez Gabriel Amaulry, Place de Sorbonne.

OEUVRES de M. Defcartes, contenant les Principes de la Philofophie. *in* 12. Figures.

Les Lettres. *in* 12. 6 vol. Figures.

Les Meditations. *in* 12. 2 vol.

La Methode & les Metheores. *in* 12. 2 vol. Fig.

Traité des paffions. *in* 12.

De l'Homme. *in* 12.

La Geometrie. *in* 12.

Traité de l'Etude des Conciles, &c. *in* 4°.

Vie de S. Irenée. *in* 12. 2. vol.

Idem. Du Frere Fiacre. *in* 12.

Geographie Hiftorique Univerfelle, Chronologique ancienne & moderne. *in* 12. 6 vol.

Voyage d'Italie par Miffon. *in* 12. 4 vol. Le quatriéme Tome fe vend féparé.

Idem. De Coreal. aux Indes Occidentales. *in* 12. 2 vol. Fig.

Idem. De Chardin en Perfe. *in* 12. 10. vol.

Idem. Du Pole Arctique au Pole
Antartique. *in* 12.
Histoire de Timurbec, ou le Grand
Tamerlan. *in* 12. 4 vol.
L'Ariane de M. Desmaretz. *in* 12.
3 vol. Fig.
Gusta-Vasa, Histoire de Suede. *in* 12.
2 vol.
Histoire du Droit Canonique. *in* 12.
Introduction à la Philosophie, ou de la
Connoissance de Dieu & de soy-même.
in 12.
Les Illustres Françoises. *in* 12. 3 vol.
Ciceron, De la Nature des Dieux.
in 12. 3 vol.
Le Renaud l'Amoureux. *in* 12. Fig.
Abregé de la Nouvelle Methode du
Blason. *in* 12. Fig.

De l'Imprimerie de H. S. P. G i s s e y,
ruë de la Huchette, à l'Arbre de Jessé.

L'ART D'AIMER
A LA MODE,
OU
LES DEMESLEZ
DE L'AMOUR.

PENDANT le séjour que la Cour fit à Fontainebleau en 1708. Eraste nous pria, Memnon *& moi, d'aller* passer avec lui tout ce tems dans sa belle & magnifique Terre qui est sur la route d'Orleans.

Tout y étoit disposé à nous

A

bien recevoir, & à nous faire
gouter les charmes de la belle
saifon ; les promenades, la
chaffe, la pêche, la bonne
chere, une provifion affés
abondante de bons livres ne
nous laiffoient aucun mo-
ment vuide, ni aucun accès
à l'ennui. Un voifinage très-
agréable compofé de perfonnes de diftinction & très-po-
lies de l'un & de l'autre fexe,
donnoit à nos plaifirs une vivacité toûjours nouvelle. Les
regrets de fe quitter le foir
fort tard étoient adoucis par
l'efperance de fe retrouver le
lendemain de bonne heure.

Un jour dans une partie de
chaffe, traverfant le grand

chemin nous rencontrâmes le caroſſe d'Orleans. Nous y découvrîmes Philinte notre ancien ami ; nous le priâmes de deſcendre, & après l'avoir embraſſé avec beaucoup de joïe , nous le preſſâmes avec tant d'inſtance de reſter avec nous, qu'il y conſentit. Nous étions aſſés près de la maiſon. L'arrivée inopinée de Philinte y redoubla la joïe.

Le lendemain après que l'on eut dîné , notre ſocieté ordinaire s'étant aſſemblée , nous demandâmes à Philinte des nouvelles de ſon voïage. J'ai été obligé , dit-il , de me rendre à Orleans pour quelques affaires , & je viens d'u-

ne Province, où j'ai passé plusieurs années. Cette Province, ajouta-t-il, commence à
joüir du calme après les longs
defordres que les ennemis y
ont commis. On tâche d'oublier des chofes fi cruelles &
fi funeftes ; ce qui occupe
maintenant les efprits plus
agreablement, c'eft la paffion
de la M..., pour N... Toute la
France a connu cette belle ,
elle a captivé les plus grands
Seigneurs , & fa coqueterie
ne lui permit pas de conferver long-temps fes conquêtes.
Elle fut exilée , elle voïa-
gea ; N..,. la vit, il en devint éperduëment amoureux;
c'eft un homme de baffe naif-

sance, assés bien fait, jeune,
hardi, effronté. Il eut le bonheur de plaire, & dans très-
peu de temps il triompha de
cette beauté ; mais le genie
inconstant de cette Dame ,
& d'autres considerations
très-fortes firent peu après
chanceler cet amour. Elle
écouta des vœux moins indignes d'elle. N.. en fut averti ;
il vôla furieux chez elle, bri-
sa meubles, miroirs, bijoux,
& de la canne qu'il tenoit à
sa main, il en frappa cruellement plusieurs fois son infidelle. Cette scene finit par
des pleurs que la Dame ré-
pandit abondamment. L'on
se reconcilia ensuite par de

nouvelles proteſtations d'a-
mour les plus vives. Cette belle fut convaincuë qu'un homme qui l'aimoit juſqu'à cet
excès de fureur, & qui ne re-
doutoit point l'autorité qu'elle auroit pû employer pour
punir ſon audace dans un lieu
où elle pouvoit en avoir tout
le crédit, meritoit ſans difficulté la préference ſur tous
ſes autres Amans.

Elle lui a été depuis infiniment plus attachée : Il ſemble même que ces violences
aïent mis le dernier ſceau à
leur amour, qui depuis cet
incident en eſt devenu de
part & d'autre plus vif & plus
invincible : Auſſi a-t-elle de-

puis refifté à tous les efforts de fes parens, & même à l'autorité de la Cour qui a inutiment interpofé fon pouvoir pour rompre cette liaifon.

Tandis que Philinte faifoit le récit de cette bizare avanture, les Dames qui étoient prefentes avoient eu de la peine à fe moderer & à lui permettre de l'achever tant elles étoient émûës & irritées de l'indignité du procedé, & de l'Amant & de l'Amante. Elles s'écrierent que l'un & l'autre étoient indignes du jour; que la * * * ne meritoit pas de vivre, que fon infolent Amant devoit être banni pour jamais de la focieté des hommes & de toutes les femmes, puisqu'il avoit violé si impudemment les égards que l'on doit au sexe en quelque occasion que ce puisse être.

Erafte & Memnon applaudirent à ce juste ressentiment; ils convinrent qu'il n'étoit jamais permis à un homme de faire insulte à une femme, moins encore de la frapper; qu'un Amant doit être toûjours respectueux, toûjours soumis à l'objet qu'il aime; qu'il ne doit jamais s'échaper; que ses mécontentemens, s'il a lieu d'en avoir, doivent se borner à des plaintes, à des pleurs, à des reproches dont

la vivacité doit être toûjours
moderée & respectueuse,
pour obtenir la justice qui
peut lui être dûë, en rani-
mant l'ardeur d'une belle, &
nullement en la maltraitant.
Que les paroles même doi-
vent être menagées, mais à
l'égard des coups, que c'est
la derniere des indignités que
de se porter à cet excès, après
lequel il ne doit jamais y avoir
de retour à l'amour, ni d'autres sentimens que celui d'u-
ne haine éternelle & impla-
cable que ce procedé merite.

Alceste gardoit cependant
le silence. Vous paroissez,
lui dit Erafte, dans une rêve-
rie profonde : Quoi ! n'ap-

prouvez-vous pas ce que nous difons? Et vous préparez-vous fuivant votre coutume à combatre des fentimens fi raifonnables qui font auffi ceux de ces Dames?

Je n'ai garde, repartit Alcefte, de me broüiller fi mal-à-propos avec des Dames que j'honore & que j'eftime infiniment. Il ne m'eft pas permis de chercher ni d'écouter des raifons contre leurs décicifions. Je fçai le refpect qui leur eft dû : mais fi ce n'étoit que vos opinions, Meffieurs, vous qui m'accufez de contefter trop hardiment vos maximes, j'aurois peut-être de quoi les détruire affés fortement fur ce qui fait le fujet de votre converfation.

Seroit-il poffible , repartit Memnon , qu'un homme fenfé pût jamais excufer le procedé violent de cet Amant brutal qui bat fa Maîtreffe , & cette Amante folle qui n'a nul reffentiment des plus cruels outrages , qui les par-donne, qui les couronne mê-me par les plus grandes mar-ques de fa tendreffe ? Cette penfée revolte la raifon , & choque trop l'experience pour pouvoir entrer dans l'efprit de qui que ce foit.

Ignorez-vous, repartit Erafte, quel eft l'efprit d'Alcefte ? Il fe plaît affez fouvent à fortir

des routes communes, pour
contefter les chofes les plus
inconteftables : mais quoiqu'il lui arrive quelquefois
de me contredire mal-à-propos, je prens toûjours plaifir
à l'entendre. Plus le parti qu'il
prend eft mauvais, plus il y
a de fatisfaction à le voir
chercher des raifons pour ap-
puyer un avis qui paroît in-
foutenable. Si ces Dames,
ajouta-t-il, veulent fe donner
ce plaifir, elles lui ordonne-
ront (comme je l'en prie) de
nous expliquer fes idées fur ce
qu'il a dit : nous en avons le
temps, puifque le chaud eft
encore trop grand pour commencer notre promenade.

Toutes les Dames confen-
tirent à la propofition d'E-
rafte ; & Belife prenant la
parole, nous vous prions, dit-
elle, Alcefte , de nous expliquer vos fentimens fur cette
queftion. Quelque interêt
que nous aïons à maintenir
les droits & les égards qui
font dûs à notre fexe, & d'em-
pêcher qu'on ne fe fafle une
maxime de nous maltraiter ,
nous ne laifferons pas de vous
écouter avec plaifir. Ces fortes de conteftations divertif-
fent toûjours & animent la
converfation.

Il ne m'eft pas permis, repartit Alcefte, de prendre parti contre vous , ni contre le

sexe que j'ai toûjours respecté: Ce n'est pas aussi pour avoir le plaisir de disputer ni de me distinguer que j'entreprendrois d'excuser les emportemens des Amans : Souffrez donc, mes Dames, que je n'en dise pas davantage.

Non , ne prétendez pas , repartit Belise, vous dispenser de parler , nous voulons absolument vous entendre. J'entrevois déja que les emportemens des Amans vous paroissent excusables : Il nous sera peut-être avantageux de connoître jusqu'à quel point vous poussez cette idée ; ne balancez pas à vous en expliquer ; & si les prieres que nous

vous en avons faites ne suffi-
sent pas pour vous y obliger,
nous vous l'ordonnons sous
les plus grieves peines : Si
vous refusez, nous allons vous
bannir de plein droit de notre societé , & ces Dames
tiendront sans doute ce qu'elles vous difent par ma bouche.

Vous m'effrayez , Mada-
me , par de si terribles menaces , repartit Alceste, il faut
donc vous obéïr , & si je ne
suis pas affez heureux pour
vous convaincre , je le serai
peut-être affez pous vous divertir. J'ai d'abord deux
grands defavantages dans la
cause que j'entreprens : L'un

est votre prévention contre ce que j'ai à dire. C'est un très-grand obstacle aux meilleures raisons dans quelque cause que ce soit. La prévention est un jugement anticipé contre lequel souvent les raisons les plus solides échoüent : Quoique l'on ait jugé sans connoissance , l'on a de la peine à reconnoître que l'on s'est trompé & à en convenir ; l'amour propre y resiste.

L'autre desavantage que je dois craindre, c'est que vous n'avez jamais aimé , ni vous , Mesdames , ni vous , Messieurs , avec assez de violence pour connoître tous les em-
portemen

portemens de l'amour. Vos amours ont été heureuſes, re-glées, & ſans ces traverſes fâ-cheuſes qui font quelquefois le deſeſpoir des Amans. Mal-gré ces deux obſtacles je ne deſeſpere pas de vous rame-ner à mon opinion & de vous y conduire par des raiſons ſi fortes & ſi ſenſibles que vous aurez de la peine à y reſiſter & à ne pas convenir de la ve-rité des maximes que je me propoſe d'établir.

Et premierement, Meſda-mes, (car ce que j'ai à dire d'abord, eſt uniquement de votre competence) permet-tez-moi de vous demander auquel d'entre les amours

B

vous donner la préference.
Est-ce à un amour languis-
sant, froid, foible, inanimé;
à un amour mediocre, qui se
sent à peine, prêt d'expirer à
tous momens: Ou à un amour
parfait, vif, actif, vigilant,
plein de flammes, que rien ne
peut étonner ni vaincre, à un
Amant, qui pour servir l'objet auquel il est attaché, ne
craint aucuns périls, qui s'y
livre avec courage, sans aucun égard pour soi-même,
qui en un mot est prêt à perdre plûtôt la vie que de se sé-
parer de ce qu'il aime. Je lis
dans vos yeux, ou je me trom-
pe fort, que vous donnez à ce
dernier amour toute la préfe-

rence qu'il merite fur l'autre.
Y a-t-il quelqu'un en effet ,
qui ait fi peu de difcerne-
ment, fi peu de part aux fentimens de la nature qu'il puiffe mettre ces deux amours en
paralelle ? Certainement le
premier ne differe gueres de
l'indifference, & à peine merite t-il le nom d'amour.

Que fi nous confiderons
la gloire que toutes les femmes fe font naturellement de
fe foumettre le cœur des hommes & d'en triompher, il faut
neceffairement que nous con-
venions que ce triomphe ne
peut être parfait , ni cette
gloire bien établie, s'il refte
aux vaincus quelque liberté

de se dégager & de changer de Maître. Tandis qu'on peut secoüer le joug du vainqueur, il n'est pas seur ni parfaitement en possession de sa conquête : Il faut un assujettissement entier & universel à ses armes & à ses ordres, pour assurer sa domination. C'est ce que produit l'amour parfait à l'égard des femmes que nous aimons véritablement. Leur empire s'établit sans peine dans nos cœurs : Tous nos desirs, toutes nos pensées ne tendent qu'à les servir, qu'à meriter leur estime, qu'à leur inspirer quelque retour. Nous faisons nos principales delices de leur sacrifier notre liberté & notre vie , s'il le faut, incapables de jamais chan- ger. Un amour mediocre fe borne à leur donner quelques marques de complaifance , à les flatter par des difcours fri- voles , fouvent démentis par le cœur. Un Amant de ce ca- ractere eft toûjours prêt à rompre des liens fi foibles & à quitter fa Maîtreffe, dès que le moindre interêt , ou fon inconftance le portent au changement.

Vous voyez par-là, Mef- dames, qu'il eft plus glorieux incomparablement pour une femme d'avoir un Amant parfait , que d'en avoir un grand nombre de mediocres.

Ceux-ci n'en ont que le nom ; & autant que l'ombre differe du corps ; l'idée, de la réalité ; le vrai, du faux ; autant les veritables & parfaits Amans different des mediocres.

Mais ne vous imaginez pas que ce violent amour puisse s'assujettir aux regles de la moderation. Toutes les passions, suivant les Philosophes, sont tumultueuses : L'amour & l'ambition qui sont les plus nobles passions de l'ame, le sont plus que nulle autre. Elles ne peuvent souffrir de contrainte, il faut qu'elles éclatent necessairement. L'amour est même d'une nature plus libre que l'ambition.

Celle-ci a de grands ménage-
mens à garder ; souvent elle
est obligée à se cacher pour
éviter les obstacles qu'elle
trouve par tout à ses projets.
Mais l'amour, quand il est ex-
trème, se produit hardiment;
c'est un feu qui s'enflâme au
milieu des difficultés: Les Poëtes ont feint qu'il avoit été
apporté du Ciel, il tient encore de son origine. Rien sur
la terre ne l'empêche d'agir ;
il se porte vers l'objet qui le
fait naître, comme le feu ma-
teriel se porte vers le Ciel. On
le compare quelquefois à un
torrent rapide qui rompt toutes les digues qu'on peut lui
opposer. La raison qui domi-

né fur les autres paſſions qui ont beſoin d'être dirigées pour arriver à leurs fins, n'a nul empire ſur l'amour qui ne prend conſeil que de lui-même ; c'eſt auſſi de toutes les paſſions celle qui trouve plus d'indulgence dans tous les eſprits.

Ce qui ſe fait par haine, par vengeance, par orgüeil, eſt toûjours condamné. L'on pardonne aiſément à ce qui ſe fait par amour: L'on aime juſqu'à ſon excès ; l'on compatit à ſes foibleſſes. S'il entre quelquefois en fureur, comme il eſt arrivé à Hércule & à tant d'autres Heros, l'on prend interêt à leur malheur, on le reſſent

reſſent , on entre dans leurs
peines , mais l'on ne blâme
point les Amans.

Appliquez maintenant ,
Meſdames , à notre queſtion
ces principes que vous ne
ſçauriez deſavoüer. Un homme aime éperduëment une
femme , elle y répond , elle
lui jure une tendreſſe éternelle , & lui permet tout ce que
l'amour a de plus privilegié.
Tentée enſuite par ſa foibleſſe ou par ſon inconſtance naturelle , elle écoute un autre
Amant. Le premier informé
de ſon malheur, eſt tranſpor-
té de rage ; il court chez ſa
Maîtreſſe & ſe porte aux extrémités dont Philinte nous a

fait le récit : Sa Maîtresse effraïée & punie, verse dès larmes en abondance ; il lui reproche son crime & l'amour
violé : Il veut se tuer , elle
vient au secours, & reparant
tout le passé par de nouvelles
protestations du plus vif a-
mour & d'une fidelité in-
violable , elle calme ses esprits. Il revient peu à peu ,
mais il proteste hautement ,
que si jamais elle retombe
dans une foiblesse aussi indi-
gne , elle n'a qu'à compter sur
une mort certaine qui l'attend , après laquelle au même
instant il tranchera du même
poignard le cours de sa propre vie. Il est certain que de-

puis elle lui a été plus fidelle
& plus attachée que jamais.
J'ai oüi parler de cette avanture à des perſonnes qui en
étoient bien informées ; c'eſt
pourquoi je vous en ai raporté
des circonſtances plus particulieres que Philinte.

Eraſte l'interrompant. Vous
nous citez, dit-il, Alceſte, un
exemple fort ſingulier ſans
doute, & qui eſt rempli de circonſtances conſiderables, qui
pourroient bien changer l'eſpece, & peut-être excuſer la
brutalité de cet Amant ; ſa
Maitreſſe, quoique d'une
condition très-diſtinguée, eſt
d'un caractere ſi déreglée, &
tellement perduë de réputa-

tion dans le monde , qu'il n'a pas, je crois, trop mal fait de venger fur elle l'honneur qu'elle avoit abandonné & les defordres qu'on lui impute.

Mais quand vous auriez prouvé cela , & pleinemént juftifié cet Amant ; vous ne nous perfuaderez jamais qu'il foit permis de battre une Maîtreffe qui s'eft livrée à vous, & qui ne tombe point enfuite dans d'autres excès de débauches : Car pour celles-ci, je veux dire celles qui nous quittent pour fe jetter dans un affreux libertinage, l'on n'a rien à ménager avec elles , quoiqu'il foit plus prudent de les méprifer & de les abandonner

fans éclat, & je ne crois pas
que perfonne de notre focieté
voulut prendre leur défenfe.

Je ne me fuis propofé, reprit Alcefte, que de vous juftifier qu'il y a des occafions,
où un Amant juftement irrité, a droit de fe venger, &
que les mauvais traitemens
faits à une Maîtreffe peuvent
la retenir dans fon devoir. Ne
croyez pas au refte que ce
foit-là le feul exemple que je
puiffe vous raporter : Il y en a
mille autres.

En voici un qui vous a été à
tous très-familier, & dont tout
Paris a été témoin. Vous fça-
vez qu'un homme s'étant attaché à une fille très-bien fai-

te, sage pourtant, & modeste;
il l'a très-long-tems conser-
vée & maintenue dans la fidelité qu'elle lui devoit, par
des châtimens assez fréquens;
mais dans lesquels elle recon-
noissoit plus d'amour & de
passion que de mauvaise humeur. Les meubles les plus
beaux étoient souvent brisés.
L'imposition des mains s'en-
suivoit. La moindre visite
suspecte excitoit ces orages:
Tout se calmoit après les plus
vifs emportemens; d'autres
meubles plus riches repa-
roient la perte des premiers:
L'amour se ranimoit. Soit
crainte, soit amour, elle a re-
sisté à toutes les tentations &

aux propofitions qui lui ont
été faites mille fois, quoique
plus douces & plus avanta-
geufes; fa fidelité s'eſt foute-
nuë par le fecours de cette fe-
verité, & fa conſtance a été
enfin couronnée, lorfque l'A-
mant, par des raiſons invin-
cibles, a été obligé de fe fépa-
rer d'elle. Un mari très-riche,
bien fait, plus jeune qu'elle,
l'a acüeillie & honorée du
nom & du titre de fa femme
par un bon mariage où elle eſt
très-heureuſe, quoique toûjours un peu obfervée.

A ce compte, reprit Mem-
non, vous voulez nous prouver, que qui bien aime, bien
châtie ; que quelques coups

de bâton ne font que *regaillar-dir* * l'amitié entre gens qui s'aiment, & que les femmes font comme les tapifferies, qui plus elles font battuës, plus elles font belles & nettes.

Vous fortez, Memnon, entierement du fujet (repartit Alcefte) nous ne parlons point ici des perfonnes qui ont droit de châtier ceux qu'une autorité legitime leur foumet. Nous ne parlons point auffi des manieres d'agir ordinaires au menu peuple à l'égard de leurs femmes, qui fouvent veulent être battuës. Je ne me fuis propofé que de vous parler des Amans & de

* Medecin malgré lui.

leurs Maîtreſſes ; & vous en-
tendez auſſi bien que moi , que ce ſont des perſonnes qui
n'ont nulle autorité , indé-
pendantes l'une de l'autre , &
que rien ne lie enſemble que
l'amour. C'eſt de ceux-là que
je ſoutiens qu'ils peuvent ſe
battre ſans ſe haïr , qu'un A-
mant irrité peut frapper ſa
Maîtreſſe ; la Maîtreſſe irri-
tée frapper ſon Amant ſans
rompre leur union. Nous en
voïons ſouvent dont toute là
vie n'eſt de part & d'autre
qu'une bataille perpetuelle ,
& qui s'aiment neanmoins à
la fureur. La moindre jalouſie, le moindre manquement
d'attention les porte au de-

sespoir, & à la vengeance. S'étant vengé, l'on s'aime comme auparavant. Il ne faut pas me contester ces exemples qui sont familiers pour peu que l'on connoisse le monde, & je puis dire que j'en ai été le témoin oculaire plus d'une fois.

Je vais plus loin encore , & je soutiens sur la foi de plusieurs exemples qui m'ont été raportez , que les Galans habiles ne manquent point de pratiquer avec succès cette maxime en certaines occasions. *C'est qu'il n'y a rien qui avance tant la possession de l'objet qu'on aime que de sçavoir le battre à propos.*

Oh! pour cela (s'écria Belise)

il n'est pas possible de se l'imaginer. J'ai gardé jusqu'à present le silence sur ce que vous avez dit (Alceste); parce qu'il m'a paru qu'il y avoit quelque fondement : mais que les coups puissent gagner le cœur d'une femme, c'est ce qu'il est impossible de concevoir. Le cœur & l'esprit des femmes y resisteroient trop : Nous sommes naturellement fieres, nous sommes faites pour recevoir les hommages des hommes : La douceur & le respect sont les seules voïes par où ils puissent nous rendre accessibles : Et quand il se pourroit faire que nous renoncerions aux douceurs que l'on est obligé

de nous conter pour nous plaire, & que nous sommes toûjours bien aises d'entendre (car
il faut avoüer notre foible)
nous ne sçaurions jamais nous
défaire de la vanité qui nous
est naturelle, qui ne nous permet point de donner notre
cœur à qui nous méprise. Eh !
Quel plus grand mépris pour
une femme que celui de se
voir frappée comme une es-
clave.

Il faut (ajouta Memnon)
que je fasse entrer ici encore
un proverbe (car je suis en
train d'en dire comme vous
voyez) l'on ne prend point
les mouches avec du vinai-
gre, il n'y a que la douceur
qui les attire.

Sans mentir (repartit Alcefte) vous faites là (Memnon)une comparaifon tout-à-
fait admirable. Vous compa-
rez les femmes aux mouches,
fouffrez que je vous en faſſe
un peu de honte Eſt-ce (pour
parler comme leurs ennemis)
par leur legereté & l'irrégu-
larité de leurs mouvemens ,
que vous trouvez les femmes
femblables aux mouches ?
Ou à cauſe du peu de durée
que l'on reproche à la beauté,
qui n'eſt , dit-on , qu'une
fleur d'un jour, & qui n'a gueres plus de vie que ces infectes
aufquels vous ofez les compa-
rer?Mais fongez que les femmes font ce qu'il y a de plus

beau & de plus charmant dans le monde ? Qu'il s'en trouve dont la beauté dure malgré les années & dont l'esprit est aussi solide que celui des plus grands hommes ? Je suis assuré que de pareilles mouches ne vous importuneroient pas, quand même une douzaine s'empresseroient à s'attacher à votre peau. Vous êtes brun, & encore vert, c'est assez dire.

Mais pour revenir à mon discours, je vais, Mesdames, vous apprendre un secret dont bien des hommes ont fait une heureuse experience, & peut-être en est-il ici quelqu'un qui pourroit, s'il le vouloit, vous en rendre un fidele témoignage.

Alcefte, en prononçant ces
paroles , avoit les yeux attachés fur Erafte. Pourquoi me
regardez-vous, dit Erafte ? Je
ne fçai ce que vous voulez di-
te. Vous l'allez entendre tout
à l'heure (reprit Alcefte.)
Voici donc, Mefdames , le
fecret dont je veux vous parler.

Un Cavalier bien fait de-
vient amoureux d'une jeune
perfonne : Elle l'écoute , elle
aime à le voir. Divers rendés-
vous en des lieux écartés leur
donne toute la liberté de s'expliquer. L'Amant étale fes
feux , preffe fa conquête, exi-
ge quelques legers témoigna-
ges d'amour qui lui font ac-

cordés. Cependant on differe d'un jour à l'autre, sous divers prétextes de le rendre tout-à-fait heureux. Lassé de tant de remises, persuadé que sa Belle l'aime veritablement; que c'est bizarrerie, ou quelque reste de pudeur qui la retient, il entre en fureur, il lui applique deux soufflets : Elle est effraïée de la colere de son Amant; elle craint de le perdre si elle resiste davantage : Sans verser une seule larme, elle l'appaise, & pour le calmer elle lui donne une pleine liberté. Leur amour en devient plus vif; il dure depuis plusieurs années avec la même ardeur qu'il pouvoit avoir

dans

dans son commencement.

Il est vrai, dit Eraste, que cet exemple est de ma connoissance , & qu'un de nos amis communs , d'Alceste & de moi, à qui cette avanture a donné la possession d'une des plus jolies personnes que l'on puisse voir , nous en a fait la confidence.

J'en sçai , reprit Alceste , plusieurs autres exemples , & ce qui m'a persuadé que cette voïe à l'égard de quantité de personnes , doit être mise parmi les stratagêmes d'amour ; c'est l'opinion qu'en ont les grands Maîtres de l'Art & les plus experimentés , qui ne font nulle difficulté d'en con-

D

seiller l'usage à ceux qui se plaignent d'avoir été amusés trop long-tems, ou par des coquettes, ou par des jeunes personnes timides & irréso-lues. Ils ne sont pas les premiers Auteurs de ce conseil; car il me semble qu'Ovide en a fait un précepte, & qu'Horace l'a aussi recommandé. Voilà, ajouta-t-il, a-dressant la parole à Memnon, la différence qui se trouve entre les femmes & vos mouches.

Memnon occupé à écrire sur ses tablettes, ne l'étendit point: mais Bélise prenant la parole. Vous avez eu raison, dit-elle, Alceste, de traiter

de scret une drogue aussi extraordinaire que le sont les
soufflets & les coups , pour
produire l'amour. Je suis assu-
rée qu'aucune de ces Dames,
non plus que moi, ne se le seroit jamais imaginée. Nous
avons été élevées avec beaucoup de soin & de tendresse
par nos parens. L'on nous a
recherchées dans les formes :
Nous avons été mariées sans
avoir eu le tems de songer
à l'amour; nous avons lieu d'ê-
tre contentes de notre sort ,
& nous nous attachons à nos
devoirs. Vous nous parlez de
filles & de femmes qui se sont
laissées surprendre, ou qui se
sont livrées à l'amour dére-

glé. Il n'eſt point étonnant qu'elles ne ſuivent pas les maximes communes à notre ſexe, leur mauvaiſe conduite merite par conſequent qu'elles n'aïent aucune part à nos privileges, & que l'on ne garde avec elles aucunes meſures.

A dire vrai, Meſdames, reprit Eraſte, pour peu que l'on voïe le monde, l'on y trouve, ſur tout parmi les femmes, une diverſité infinie de génies & de caracteres. Les unes ſe laiſſent gagner par la douceur : Les autres cedent à la fierté ; d'autres, aux mauvais traitemens. Il ſeroit impoſſible de les conduire toutes par la même route. Ce qui plaît à l'une déplaît, à l'autre. Je commence à croire avec Alceste, que comme tous chemins vont à Rome, aussi toutes voïes conduisent à l'amour, sur tout lorsqu'une femme est guidée par un homme habile qui sçait profiter de tout & y donner le tour qu'il faut.

Pendant qu'Eraste raisonnoit ainsi, Memnon tenant ses tablettes à la main. Voici, dit-il, ce que je pense sur votre question. Il nous lût en même tems les Stances qui suivent.

STANCES.

TOI dont les Autels & l'Em-
pire,
Me furent chers dans tous les
temps,
Amour, voudrois-tu bien me dire
Un secret des plus importans.

Avant d'éteindre avec ma vie
Le feu de mes tendres desirs :
Daigne satisfaire une envie
D'où dépendent tous nos plaisirs.

Assez instruit dans l'art de plaire,
J'ai toûjours cru que la douceur
Pouvoit gagner une Bergére
Et nous répondre de son cœur.

Mais un illustre personnage ,
Sur ce point-là plus décisif,
S'éleve contre mon usage ,

Et prétend qu'il est abusif.

Le moyen le plus efficace,
(dit-il) Pour qui veut être aimé ;
C'est quand le coup suit la menace,
Sur l'objet dont on est charmé.

Le sucre & le miel sont trop
    fades
Pour réduire un volage cœur :
Les coups de pieds, & les gour-
    mades
Raniment bien mieux son ardeur.

Comme un pinçon après la muë
Montre un plumage plus char-
    mant :
Une Maîtresse bien battuë
Paroît avec plus d'agrément.

Oh ! que ce dogme est effroïable !
Amour je m'en raporte à toi.
Prononce, & détruit cette fable
Qu'on donne pour un point de foi.

Pour moi j'abhorre ce systême,
Il conduit aux plus grands forfaits:
Et s'il faut battre ce qu'on aime,
Je fais vœu de n'aimer jamais.

Ces sortes d'ouvrages d'esprit (dit Erafte) font ordinaires à Memnon. Sa mufe eft
toûjours prête à lui obéïr en
toutes occafions & à produire
de jolies penfées. Il eft vrai,
repartit Alcefte, mais en cette
rencontre il me permettra de
lui dire que fa Mufe s'eft un
peu écartée du fujet. Il fe per-
fuade peut-être; (qu'avec de
jolis vers, & par l'éloge qu'il
fait de moi en me donnant le
titre de perfonnage illuftre)
il pourra m'éblouïr & m'em-
pêcher de diffiper le charme
yeux:

dont il veut vous faſciner vos
yeux : Il n'y gagnera rien ; je
ſuis déterminé à me défendre.
Car c'eſt moi qui l'attaque en
m'attribuant une opinion qui
ſeroit extravagante & qui ne
peut entrer dans aucun eſprit
raiſonnable.

Vous voyez, pourſuivit-il,
qu'il m'impute, que je veux
établir comme une regle generale qu'il faut battre pour
ſe faire aimer. C'eſt une extravagance dont je ne ſuis
point capable.

Par tout ce que nous avons
dit juſqu'ici, je penſe que vous
êtes tous bien perſuadés que
mon deſſein n'a point été, en
parlant des violences qui ſont

pardonnables aux Amans, de les armer tous contre leurs Maîtresses. A Dieu ne plaise que je fois l'Auteur d'une si cruelle guerre. J'ai dit, ajouta-t-il, & je le foutiens encore, qu'il y a des occafions particulieres où un amour furieux & violent excufe les emportemens des Amans, qu'il fait davantage éclater l'amour, & qu'il fert quelquefois à ranimer fes feux & fa conftance.

J'en ai raporté des exemples, qui, à ce qu'il m'a femblé, vous ont paru fenfibles; ces exemples après tout ne tombent que fur des cas particuliers. Ce font des exceptions

à la regle, qui , loin de la détruire , la confirment. Qui
peut ignorer que c'eſt par la
tendreſſe, le reſpect , la poli-
teſſe , & par tous les agrémens
poſſibles , qu'il faut eſſaïer de
plaire aux femmes ? C'eſt la
maxime generale : Les exemples même que je raporte ſup-
poſent que l'on a déja ſuivi
cette voïe , & que l'on a plû ;
mais nous parlons des ſuites
de l'amour qui ſont plus tu-
multueuſes & moins mode-
rées que ſes commencemens.
Voilà notre ſujet dont il ne
faut point nous écarter, s'il
vous plaît.

Mais pour argumenter ici
contre Memnon, qui prétend

que les douceurs & les empreſſemens tendres ſont les
ſeules voïes pour toucher le
ſexe : Je lui demanderois volontiers, s'il connoît le cœur
des femmes. C'eſt un livre infini, rempli d'autant de ſyſtê-
mes qu'il y a d'eſprits & de caracteres differens. Que dis-je !
un même caractere ſubſiſte
difficilement chez elles pendant un long tems. Il ſe mul-
tiplie à l'infini : Un jour, une
heure , un moment le voit
changer pluſieurs fois. Il ne
faut pas s'en étonner : Leur
temperamment eſt beaucoup
plus délicat & plus foible que
celui des hommes : Si nous
voulions entrer dans les prin-

cipes de l'anatomie, nous
trouverions qu'il leur eſt très-
naturel de changer plus ſouvent que nous d'humeur,
d'inclinations, de penſées,
de ſentimens : Il n'y a que l'a-
mour qui ſoit capable de les
fixer : Car il faut l'avoüer à
notre honte, en amour elles
ſont ordinairement bien plus
conſtantes que nous, quand
une fois elles aiment bien.

Mais, reprit-il, parmi celles qui n'ont point aimé, il y
y en a un très-grand nombre,
qu'une declaration d'amour
effraïe : L'on en voit beaucoup qui ſont ſi ſeveres qu'elles ne peuvent ſouffrir les
moindres ſoins qu'un homme

prend pour leur exprimer sa
paſſion : Elles ſe revoltent
contre les pourſuites les plus
reſpectueuſes. Cependant cette hauteur de courage qui
brave l'amour, & cette fierté
tombent tout-àcoup, lorſ-
qu'un Amant adroit ſçait af-
fecter une fauſſe inſenſibilité
pour leurs appas. Leur orgüeil
s'en offenſe, leur fierté les
abandonne : Elles ſe font un
point d'honneur de ſoumettre
un rebelle qui ſemble inſul-
ter à leur pouvoir. C'eſt l'a-
mour lui-même qui ſe déguiſe
ſous une fauſſe apparence de
gloire. Déja leurs inquietu-
des, leurs rêveries, leurs in-
ſomnies; l'abſence & preſen-

ce de l'objet leur livrent également de fecrets combats.

Je gagne déja beaucoup fur vous, Memnon, en établiffant comme de fait ce principe qui eft certain & connu de toutes les femmes : Vous ne fçauriez le nier fans combattre ouvertement la raifon & l'experience : Car je conclus de-là contre votre opinion, qu'il eft donc des femmes qui fe peuvent engager à aimer fans être prévenuës de ces douceurs, en quoi neanmoins vous faites confifter tous les traits de l'amour : Ne m'interrompez pas je vous prie, & laiffez-moi achever ce qui me refte à dire.

E iiij

Ce que je me suis proposé d'abord, c'est de prouver qu'une Maîtresse battuë peut pardonner à son Amant & s'y attacher plus fortement que jamais: Un autre point de mon discours a été, qu'un homme long-tems amusé par une coquette ou par une fille timide & irresoluë, peut en la maltraitant avancer ses affaires, & déterminer la volonté chancelante de sa Maîtresse.

Je vous ai raporté des exemples de l'un & de l'autre que vous ne pouvez démentir sans revoquer en doute tout ce qui est de plus constant au monde. Ces exemples prouvent invinciblement mes deux propofitions : Car de ce qui eft, fuivant la bonne Philofophie, on en conclût ce qu'il peut être.

Mais avec un Philofophe il faut argumenter par raifons plûtôt que par exemples. Vous allez voir qu'il n'y a rien dans la conduite de ces fortes de femmes qui ne foit très-naturel & très conforme à leur caractere.

Et premierement à l'égard d'une Maîtreffe qui fe trouve déja liée avec un Amant, elle n'eft point impeccable ; elle peut, ou par inadvertance, ou par foibleffe, lui donner fujet de fe plaindre. Les apparences même font criminel-

les en amour : La jalousie qui
en est inséparable grossit les
objets le plus souvent : Eh !
Que ne peut point la jalousie ?
A quels excès ne se porte-t-el-
le point , sur tout quand l'a-
mour est violent ? Vous con-
viendrez , je crois , aisément
avec moi , que ces deux grandes passions se portent facilement aux plus grandes extrémités. Le peuple aussi bien
que les sages , conviennent
que l'amour est une folie. Les
accès en sont differens selon
les degrez qu'elle peut avoir.
Un Amant irrité se porte aux
derniers excès de la fureur ;
mais la Maîtresse dont il se
plaint est celle qui lui fait plus

de justice. Elle est la plus
prompte à lui faire grace ,
parce qu'elle connoît mieux
le principe qui le fait agir :
Elle entre en jugement avec
elle-même; elle se condamne;
elle se reproche de lui avoir
donné lieu de se plaindre &
de s'emporter. Au fonds du
cœur elle connoît qu'elle a
tort : Elle s'impute la peine
qu'elle cause à son Amant ;
elle s'en fait un crime: La ven-
gence qu'il prend d'elle lui est
moins sensible que sa propre
faute , & par un retour sur elle-même elle craint de perdre son Amant. Si cette perte arrivoit, il n'est plus de repos ni de vie pour elle. Il s'est

satisfait en la maltraitant, & elle a expié sa faute. Après cette satisfaction, quelques reproches ,. quelques pleurs versez de part & d'autre sont les mediateurs & comme le sceau d'un nouveau traité de paix plus ferme & plus durable que le premier.

Car ne vous imaginez pas quelle ne raisonne point pour ses interêts propres dans ces fâcheuses rencontres ; elle ne les perd point de vûë : C'est la grande regle qui la conduit en tout tems. Elle raisonne encore sur le cœur de son Amant comme elle raisonneroit sur le sien propre. Elle sent qu'elle se porteroit con-

tre lui à toutes fortes d'extrémités, s'il lui eſtoit infidelle.
Pourquoi condamner en lui
ce qu'elle ſent en elle-mêmе,
qui n'eſt fondé que ſur la
violence de l'amour ?

Mais pourquoi voulez-
vous que ces ſortes de femmes ſoient plus ſenſibles aux
mauvais traitemens de leurs
Amans irrités qu'elles ne le
ſont aux injures du public ?
Combien leur arrive-t-il de
fâcheuſes avantures dont elles
n'ont nul reſſentiment ? La
paſſion dont elles ſont prévenuës les rendinſenſibles à tout
le reſte, même aux plus grands
outrages ?

Dans la mécanique, on re-

garde le maître reſſort comme celui qui gouverne tout le
mouvement. Il en eſt de même de l'amour & de l'interêt
à l'égard de ces femmes: Elles
ſont entraînées & n'ont de
mouvement que par ces deux
paſſions qui gouvernent uniquement leur ame. Auſſi à le
bien prendre, ce qui nous rend
les injures inſuportables, c'eſt
le point d'honneur ; c'eſt le
tort que cela peut nous faire
dans le monde : Mais une A-
mante declarée n'eſt délicate
ni ſur le point d'honneur, ni
ſur le qu'en dira-t-on ; tout ſon
honneur, ſon bien, ſon repos,
conſiſtent à ſe conſerver ſon
Amant, à ſouffrir & à calmer

ſes mauvaiſes humeurs ; ſur
tout quand elle connoît qu'elle a tort , qu'elle riſqueroit
tout à vouloir lui reſiſter ,
plus encore à rompre avec
lui ; & que c'eſt la violence
de l'amour & la jalouſie qui
l'ont porté à la maltraiter.

Je crois donc vous avoir ſatisfait à l'égard de celles-là :
Venons maintenant aux co-
quettes & aux jeunes Amantes indéterminées. Il eſt encore plus facile de vous mon-
trer , qu'un Amant irrité de
leur vanité , ou de leurs irré-
ſolutions , peut les réduire par
un emportement ménagé à
propos , plûtôt que par douceur.

Examinons d'abord le ca-
ractere propre d'une coquette. C'eft de fe faire beaucoup
d'Amans , d'entretenir l'un
par quelque legere diftinction, l'autre par l'efperance,
celui-ci par un billet tendre ,
celui-là par quelque privauté
plus propre à irriter le goût
qu'à le fatisfaire. Avec fes mines & le jargon du monde.,
elle amufe ainfi une demi
douzaine de duppes qu'elle
tient fous fon empire. Si
quelqu'un d'eux , plus vif &
plus hardi que les autres, peut
l'engager dans une partie
écartée , & là profitant de l'occafion, entrer dans une efpe-
ce de fureur , & la maltraiter
même

même pour son ingratitude, sa conquête est sûre. Elle craint l'éclat, elle n'a que la voïe de satisfaire son Amant irrité, si elle veut sauver sa réputation, & les bienséances qu'elle garde dans le monde. Tout est perdu pour elle, si un Amant desesperé se déchaîne contr'elle ; elle n'a qu'un moment à mettre à profit ; elle considere que c'est se l'engager pour toûjours: C'est l'interesser dans sa conservation ; elle compte sur des sermens qui lui assurent un secret éternel, & une passion qui ne doit jamais finir. Croïez-moi, quand on a fait tant d'avances à un homme

que l'on a long-tems entre-
tenu dans l'espoir, il y a
peu de chemin à faire pour se
rendre aux derniers empresse-
mens, dont un amour en fureur soutient les droits.

Quant à ces jeunes personnes, qui sans y penser, laissent
prendre pied à l'amour dans
leur cœur, qui écoutent avec
plaisir, qui s'empressent à voir
souvent un Amant sans té-
moins, elles sont déja à moitié
vaincuës. Leur innocence, leur
pudeur les retient ; les jeux,
les ris, les apprêts de l'amour
les enchantent : Elles n'y con-
çoivent rien de criminel ; elles regardent tout cela comme un doux & agréable amu-

fement : Elles ne portent pas
leurs vûës plus loin ; elles s'i-
maginent que tout fe paffera
dans la même fimplicité d'in-
tention : Leur idée fe borne à
goûter les charmes d'une converfation qui leur plaît ; mais
un Amant ne penfe pas de
même ; il preffe dans une fa-
tale occafion , il irrite , il menace , il frappe. Ce nouveau
genre de combat étonne un
jeune efprit : Elle foutient à
peine les reproches d'ingratitude qu'on lui fait dans ce
moment. Il s'agit de perdre
ou de conferver pour toûjours
un Amant tendrement chéri,
elle fe rend.

Ce caractere eft trés-naturel

aux jeunes personnes qui sont laissées à leur propre conduite, & qui ont peu d'experience. Leur timidité naturelle les rend trés-susceptibles de ces impressions. En arrachant ainsi leur consentement, la faute leur paroît plus legere & plus excusable. C'est une grande diminution de scrupule que d'avoir agi par contrainte : De nouveaux plaisirs jusqu'alors inconnus, la satisfaction & les transports de joïe où paroît être un Amant content : Ses protestations de reconnoissance & d'une flamme plus vive & éternelle, adoucissent & font oublier ce qu'il y a eu de fâcheux dans l'avanture,

Vous voyez , continua Al-
ceſte , que par raport à tous
ces caracteres , mes propoſi-
tions, ce me ſemble, ſont ſuf-
fiſamment prouvées.

Mais , repartit Memnon ,
tout ce qui arrive à ces belles
dont vous nous avez parlé ,
réüſſiroit encore mieux par
la douceur que je ſoutiens ge-
neralement neceſſaire pour
gagner le cœur des femmes.

Vous êtes toûjours prévenu ,
Memnon , repliqua Alceſte ;
ne voyez-vous que mon ſy-
ſtême n'exclut point la douceur, ni les empreſſemens tendres; mais que j'y ajoute dans
certaines occaſions des effets
violens de paſſion , leſquels

je soutiens utiles dans ces rencontres pour la faire réüssir au gré d'un Amant.

Belise les interrompant ; je vous avoüe, dit-elle, que nous ne pouvons que nous loüer beaucoup de votre complaisance & du soin que vous avez pris de vous amuser sur un sujet aussi singulier que celui-là.

Ne sçauriez-vous, Madame, reprit Eraste, nous dire, qui des deux est le vainqueur ; vous pourrez vous en expliquer pendant notre promenade : Le frais & l'ombre nous avertissent qu'il est tems de la commencer ; mais, repartit Belise, ne craignez-vous

point qu'Alceste & Memnon
qui sont encore en guerre, se
trouvant à l'écart & sur le ga-
zon n'en viennent aux mains?
Il n'y a rien tant à craindre
que les duels, nous en serions
tous complices.

Il est aisé, Madame, repartit Eraste, de les mettre d'accord, en conciliant leurs opinions. Memnon soutient une
proposition generale ; Alceste
en raporte des exceptions: Alceste admet lui-même la proposition generale de Memnon:
il convient qu'elle est genera-
lement vraie: Memnon ne s'é-
loigne point aussi, qu'il n'y
ait parmi les femmes certains
caracteres differens du com-

mun & qui ne se conduisent point comme les autres. Je crois pour moi qu'ils ont tous deux raisons.

· Ainsi, reprit Belise , vous mettez en sûreté toutes les femmes raisonnables, & cela nous suffit : Nous abandonnons volontiers les autres à leur mauvaise destinée. Soyez donc, Messieurs, dit-elle, d'accord , comme nous le sommes. Pour ne vous point broüiller , nous n'avons garde donner le prix à l'un de vous de sur l'autre.

L'Arrêt de Belise fut applaudi. On en loüa le temperamment & l'équité ; · & aprés cet éloge on leva le siege , ge, pour se promener dans un jardin spacieux. Il y a au bout une petite hauteur qui forme une terrasse naturelle, d'où l'on découvre le plus beau païsage du monde. Eraste nous y mena pour nous faire considerer cette varieté infinie d'objets qui se presentent dans un point de vûë, & dont la confusion & la multitude surprend agréablement les yeux. Nous étions à peine sur ce monticule, que nous aperçûmes une chaise roulantes qui tournoit du côté de la maison. Un moment après nous vîmes venir droit à nous par une allée de tilleuls, un cavalier avec une Dame.

G

Memnon dit à Eraste. Ceci vous regarde apparémment.

Eraste étoit déja attentif à les démêler, & quand ils furent affez près de nous pour être vûs diftinctement. Voilà en verité, s'écria-t-il, la meilleure fortune que nous puiffions efperer aujourd'hui. C'eft Oronte avec fa fœur Eleonor, deux perfonnes dont le merite n'a rien d'égal. Il nous quitta pour courir au-devant d'eux : L'accüeil libre qu'ils fe firent marquoit affez qu'ils étoient bons amis. Erafte leur offrit des rafraîchiffemens, ils les refuferent & lui dirent qu'il n'en feroit pas quite à fi bon marché, & qu'ils

souperoient avec lui, s'il avoit
des lits à leur donner. J'en ferois faire exprès, repartit E-
raste, & si je manquois d'Ouvriers j'aurois recours aux En-
chanteurs & à nos Fées qui
font assez communes ici, si
l'on en croit les habitans de
ces cantons. Mais au défaut
de lits, ne feriez vous pas
d'humeur à passer la nuit à table. Ce supplément seroit
commode & auroit son merite; cependant nous n'en n'au-
rons pas besoin : Il y a chez
moi tout ce qu'il faut pour
vous arrêter & vous faire dormir tranquillement.

Je vois, repliqua Oronte,
que vous sortez de la Cour, &

que vous êtes accoutumé aux manieres des gens qui y sont attachés, qui font ordinairement la nuit du jour, & du jour la nuit. Pour nous autres Campagnards, nous menons une vie plus reglée. Le moindre dérangement nous coute quelque maladie; cependant nous vivrons comme il vous plaira, perſuadez que la preſence de nos amis nous ſera auſſi ſalutaire que celle des Medecins le peut être à leurs malades, à qui nulle ſorte de viande ne fait mal quand ils font de leur écot.

Les honnêtetés qu'ils ſe faiſoient en marchant les approchoient de nous. Il étoit de la

bienféance que nous fiſſions
quelques pas pour les joindre.
Notre jonction n'eut rien de
férieux ni d'embarraſſant.
Prévenus de leur extréme po-
liteſſe, nous les embraſſâmes
& leur parlâmes avec la même familiarité que ſi nous
nous étions vûs toute notre
vie. Eraſte ſatisfait de la liberté de ces premiers ſalus, parce
qu'il étoit ennemi mortel de
la cérémonie, prit la parole,
& nous dit.

Vous voyez, Meſſieurs &
Meſdames, les deux plus ai-
mables perſonnes de ce canton; c'en eſt la fleur & la crê-
me; & je jurerois bien, qu'a-
vant de ſortir de mon jardin,

vous aurez envie de devenir
autant de leurs amis que j'ai
l'honneur d'en être. Se tournant ensuite du côté d'Oronte
& d'Eleonor : Nous gagnons
beaucoup, leur dit-il, par votre arrivée ; mais vous perdez
quelque chose d'être venu
trop tard. Il n'y a qu'une demie heure que nous sommes
sortis d'une contestation ,
dont le sujet est aussi singulier
qu'il y en ait jamais eu. Je la
regarderai toûjours comme
une comedie dont le hasard
a fourni la matiere, & que ces
Messieurs & ces Dames ont
mis en œuvre avec un succès
qui me donne de l'admira-
tion. Si vous aviez été avec

nous, vous eussiez eu part à la distribution des rolles, & il ne faloit que cela pour perfectionner l'ouvrage & rendre le plaisir complet. Nos Acteurs sont sans doute bien aises que je vous rende cette justice qui ne leur fait aucun tort.

Vous croyez Eraste, dit Eleonor d'un air enjoüé, que le chaud du jour & le mouvement de la chaise n'ont pas mis assez de rouge sur mon visage ; vous en voulez encore ajouter par la confusion que me donnent ces loüanges que je ne merite pas. De grace, supprimez-les ; je n'aime pas l'encens, mais la comedie me plaît infiniment. Faites-moi le plaisir de me dire en précis, avec la permission de la compagnie, le sujet de celle où vous m'avez jugé capable de tenir un rolle. Oüi, Eleonor, repartit Eraste, je satisferai votre envie, mais à condition que vous resisterez à la tentation de m'interrompre & d'étrangler ce beau Cavalier. Il lui dit ces mots en lui montrant Alceste. Eleonor promit tout ce qu'il desiroit, & sur tout de ne tuer personne.

Eraste, sur la foi de cette promesse, entra en matiere, & s'étant mis entre Oronte & Eleonor pour en être mieux entendu, il leur rendit un

compte si exact & avec tant
d'ordre de notre conversation,
qu'il parût n'en avoir pas ou-
blié un mot.

Il est rare qu'une memoire
si heureuse se rencontre avec
un jugement si solide : La nature avoit fait ce miracle pour
lui. Pendant le cours de sa
narration , nous avions les
yeux attachés sur Eleonor ,
pour deviner ses sentimens.
Il ne falut pas percer jusqu'au
fond de son cœur pour les
découvrir. On voyoit assez à
son air, & par ses mouvemens
inquiets, qu'elle se repentoit
de s'être engagée sans reserve
à se taire.

Eraste s'apperçût comme

nous de cette contrainte , & pour la pousser à bout, lorsqu'il eut fini son récit, il dit à Oronte en se tournant de son côté : Vous m'avez tout l'air d'un homme à bonne fortune. L'opinion du public appuïe ma conjecture ; car j'ai oüi dire que votre Roman étoit embelli d'un nombre de conquêtes dont la moindre feroit honneur au plus illustre des Galans , & donneroit de la vanité au plus modeste ; mais je suis bien plus sûr que si l'inconstance vous avoit enlevé quelques-unes de vos Maîtresses, vous auriez souscrit à cette perte plûtôt que de la regagner à coups de bâton.

Vous me rendez juſtice , Eraſte, repartit Oronte, lorſque vous me croyez incapable de me porter à ces extrémités : Je ſuis naturellement aſſez doux, & quelque violent que pût être mon amour , je me reſoudrois bien plûtôt à être battu qu'à frapper celle qui en ſeroit l'objet. Il m'arriva un jour, qu'une jolie femme que j'aimois tendrement , & dont j'étois aimé de même, ſe mit dans l'eſprit , ſur de fauſſes apparences , que je l'avois trahie : Elle chercha l'occaſion de me rencontrer ſeul, ce qui ne lui fut pas difficile ; & m'ayant joint à l'écart elle me ſaiſit par la cra-

vatte & me dit impetueufe-
ment; traître, il faut que tu
périffes aujourd'hui par mes
mains j'effuïai quelques foufflets , & m'étant débaraffé
d'elle avec affez de peine ,
je reculai deux pas , & lui
dis: Eftes vous devenuë folle,
Madame , & quel démon
vous agite ? Elle revint fur
moi & recommença l'orage ,
en me reprochant confufé-
ment certaines chofes qui lui
avoient fait illufion. Je me
juftifiai en peu de mots & la
convainquis de fon erreur. Sa
fureur s'évanoüit en un moment, les larmes lui tomberent des yeux en abondance:
Elle me demanda pardon de

son extravagance. Elle se re-
trancha sur l'excès de son
amour, & enfin après mille
protestations qu'elle ne seroit
plus à l'avenir susceptible des
injustes soupçons qui l'a-
voient causée, elle tâcha de
me la faire oublier par une
marque de sa tendresse, qui
quoique usitée de long-tems
entre nous, reprit alors un air
de nouveauté qui me donna
des plaisirs qu'il me sembloit
que je n'avois ressentis.

Ce que vous dites là, in-
terrompit Eraste, autorise le
système d'Alceste, car si tout
doit être égal entre les personnes qui s'aiment, & qu'ils
ayent les mêmes droits & les

mêmes prérogatives ; je ne vois pas que l'emportement d'un Amant soit plus affreux & doive estre moins d'usage que celui d'une Maîtresse.

Le systême dont vous parlez, reprit Oronte, n'est appuïé que sur une methode de saillie qui peut réüssir une fois & qui mille autre fera un effet tout contraire ; c'est-à-dire, que si la pratique qu'on en fait réveille l'amour d'une Maîtresse inconstante & volage, elle en rendra un million d'autres à jamais irréconciliàbles.

Mais enfin, quelque succès qu'elle puisse avoir & quelque utilité qu'on en retire,

je soutiens que cette methode
est moins supportable & fait
plus d'horreur dans un homme qui aime que dans une
femme qui veut être aimée ;
& je puis dire par comparai-
son (eu égard à la distinction
qu'il vous a plû faire des deux
sexes , par le fort & le foible)
que comme les défauts & les
vices des personnes de qualité
sont plus en vûë & plus ré-
marquables que ceux des pe-
tites gens , parce qu'en ceux-
ci l'obscurité de leur naissan-
ce & de leur condition les
couvre en quelque maniere,
au lieu qu'en ceux-là l'émi-
nence du rang les met & les
fait paroître dans tout leur

jour : De même aussi les emportemens d'un Amant à l'égard de sa Maîtresse, sont bien plus crians & bien plus sensibles que ceux d'une Maîtresse envers son Amant ; parce qu'en celle-ci la foiblesse de son sexe les excuse & les rend comme imperceptibles, au lieu que dans cet autre, l'abus qu'il fait de cette force qui établit notre superiorité, en rend le scandale infiniment plus éclatant. Cependant, puisque nos Auteurs modernes ont trouvé à propos (en nous donnant des regles pour nous bien conduire dans un commerce amoureux) de nous mettre en droit de deshonorer

honorer nos Maîtresses infi-
delles , & de publier les faveurs qu'elles nous ont accor-
dées : Je vous avoüe que si je
me trouvois en pareil cas ,
j'aimerois encore mieux les
battre que de les perdre de
réputation. Car enfin les con-
tusions que font les soufflets
& les coups de canne , dispa-
roissent dans le tems ; mais les
plaïes qu'on fait à l'honneur
d'une femme sont incurables,
& la cicatrice ne se ferme jamais.

C'est sans doute dans ces sortes de conjectures , dit Eraste
en riant , qu'*Horace* & *Ovide*
qu'Alceste nous a citez avec
tant d'effronterie, permettent

à un Amant de frapper une Maîtresse perfide.

J'ai lû quelquefois ces Poëtes, reprit Oronte, mais je n'y ai rien remarqué qui approche de ce sentiment. Il y a même une ode dans Horace qui prouve qu'il en est fort éloigné. Il y demande très-humblement pardon à une belle fille qu'il avoit offensée dans une de ses poësies, pour se venger sans doute du mépris qu'elle avoit fait de son amour. Il reconnoît qu'il étoit possedé de toutes les furies de l'enfer quand il fit ces vers injurieux : Et pour excuser en quelque sorte l'énormité de son crime, il le rejette fur l'aveuglement qui accompagne la colere. Il compare l'excès de la fienne à la fureur du Soldat, qui entrant dans une Ville prife d'affaut, met tout à feu & à fang, & peu fatisfait de ces ravages, renverfe les tours & les murailles & fait paffer la charruë fur le terrain qu'elles occupoient. Un homme qui fe fait une telle horreur d'un trait de plume qui lui eft échappé par reffentiment contre une femme, ne me paroît pas d'un caractere à nous confeiller de battre nos Maîtreffes pour nous en faire aimer & en obtenir des faveurs.

La consequence que tiroit Oronte donna lieu à Eleonor d'entrer dans ce dialogue. Je vous sçais bon gré, mon frere, lui dit-elle, d'avoir entrepris la justification d'Horace sur une maxime qu'il étoit incapable d'établir. S'il l'avoit hasardée sur le papier, je le soupçonnerois de l'avoir écrite dans le vin : Car il l'aimoit beaucoup, & on l'accusoit de s'enyvrer quelquefois. Pour ce qui est d'Ovide, que je n'ai jamais connu que par autrui, comme il étoit le plus poli & l'homme le plus galant de son tems ; ses manieres insinüantes & toutes confites dans le sucre & le miel, me répondent qu'il n'a jamais chargé ſon art d'aimer d'un précepte ſi ſcandaleux. Et s'il s'étoit aviſé de le donner au public , ou de le pratiquer lui - même à l'égard de ſes Maîtreſſes , & ſur tout envers la plus illuſtre de toutes qu'on ſçait avoir aimé le changement; je ne chercherois point d'autre cauſe de ſon exil. Elle me paroît plus vrai-ſemblable que toutes celles que nos critiques lui attribuënt; mais je ne lui fais pas l'injuſtice de croire qu'il ait debité cette maxime, encore moins qu'il en ait fait l'experience.

Que ces Anciens Auteurs aïent penſé & parlé comme

on voudra, (dit Alceste qui s'étoit tû jusqu'alors) vous me permettrez , Madame , de vous dire que les histoires modernes que j'ai alleguées & qui sont incontestables, au-toriseront toûjours l'exception que j'ai mise à une regle generale dont je conviens avec vous & avec toute la terre.

Eleonor à qui la parole étoit adressée, dit : Je m'inscris en faux de bon cœur contre tou-tes ces histoires. Car quoique je sçache bien qu'il est des hommes capables de se porter aux derniers excès , & à ne rien ménager en certaines rencontres. On ne me persua-

dera jamais qu'il y ait une
femme dans le monde (à
moins que ce ne foit une de
ces victimes confacrées à la
débauche publique) qui foit
affez peu fenfible à l'affront
d'avoir été frappée par fon A-
mant, pour reprendre l'a-
mour qu'il lui veut infpirer
avec tant d'infolence. Colorez
tant qu'il vous plaira cet emportement : Donnez lui les
motifs & les principes les plûs
tendres, vous n'en ôterez jamais le mépris & l'outrage
qui lui font attachés. Ce font
deux chofes inféparables ; &
il eft conftant qu'elles ne laif-
fent que des impreffions
d'horreur & de confufion, &

que l'idée & le souvenir qui
en restent remplissent l'ame
de rage & de desespoir.

Mettez-vous, Alceste, continua-t-elle, à la place de cette Maîtresse si indignement
frappée. Entrez dans son cœur
& dans son esprit : Faites des
réflexions avec elle sur son
avanture ; ne lui ôtez point la
vanité qui est si naturelle à
notre sexe, & que les hommes nourrissent & entretien-
nent par l'encens qu'ils nous
donnent continuellement ,
par les loüanges dont ils nous
accablent sans mesure, & par
les titres fastueux qu'ils nous
dispensent avec tant liberalité. Comment voulez-vous
aprés

après cela qu'elle envifage celui qui a eu l'infolence de la
battre? Ne le regardera-t-elle
pas comme un malheureux,
un fcelerat, un fujet revolté
qui a attenté à la vie de fa fou-
veraine? Un coupable du crime de leze-Majefté qui doit
être puni du dernier fupplice;
un prophanateur qui a étendu
fes mains facrileges fur l'Au-
tel où il avoit offert des facri-
fices; je ne comprens pas qu'on
le puiffe regarder autrement:
Et c'eft mafquer & défigurer
fon crime, & donner à fon
emportement un nom & un
origine qui ne lui conviennent pas, que de prétendre
qu'il eft l'effet d'un amour ex-

cessif, & non pas celui d'une brutalité insigne.

Je reconnois avec vous, Madame, dit Alceste, l'empire de votre sexe sur les hommes. Je sçai qu'il est établi par la nature, qu'il est reveré & autorisé du consentement de tous ceux qui ont jamais aimé parmi les nations policées; Il faut toutefois que vous tombiez d'accord à votre tour, que s'il y a des femmes qui condamnent impitoïablement les emportemens des Amans, il y en a aussi d'autres qui les expliquent plus favorablement, & qui y trouvent des raisons solides de rompre les liaisons étrangeres qui les ont caufées, & de rentrer avec plus d'ardeur dans celles dont elles s'étoient départies par humeur ou par legereté. Le goût de celles-ci foûtiendra toûjours la maxime que j'ai hafardée , & peut-être affez bien établie.

Y penfez-vous , Alcefte ? s'écria Eleonor ? Ne fçavez-vous pas que l'amour a fes monftres comme la nature , & de même que les monftres que la nature met au jour par fes irrégularités ne font jamais pris pour modeles dans le cours de fes productions ; de même auffi le goût dépravé de ces monftres de l'amour ne peut tirer à confequence, ni

être proposé pour exemple à
ceux qui aiment : Encore
moins doit-il servir de fondement & de regle de conduite
pour parvenir au bonheur d'ê-
tre aimé.

Vous avez beau foudroïer
cete maxime, Madame, re-
partit Alceste, elle durera
aussi long-tems que l'amour
qui l'a suggerée. Il suffit pour
l'approuver & pour la suivre,
qu'elle ait réüssi à ceux qui
l'ont pratiquée : L'amour permet tout ce qui affermit sa
gloire & son empire. Il excuse
& justifie tous les crimes qu'il
fait commettre : Indépendant
des loix d'autrui, il ne reconnoît que les siennes , & sou-

vent ſa principale loi eſt de
n'en point avoir ; ce n'eſt pas
par le droit chemin qu'on arrive à la felicité qu'il promet:
Les voïes obliques & détour-
nées y conduiſent plus ſûre-
ment. Point de regles , point
de meſures pour l'amour ; &
ceux qui en ont donné des
préceptes , avoüent que l'in-
ſtinct , le caprice & la neceſ-
ſité en inſpirent ſouvent de
meilleurs & de plus utiles que
tous ceux qu'ils ont digerés
avec tant d'étude & de réflexion.

La peinture que vous nous
faites de l'amour , reprit Eleonor , eſt ſi effraïante qu'elle
peut ſervir de préſervatif &

de souverain remede à toutes celles qu'une ardeur naissante n'aveuglera pas entierement. Pour moi je me propose de l'avoir toûjours devant les yeux afin d'être mieux sur mes gardes : Je crois pour moi, que vous lui imposez beaucoup, & que dans un commerce amoureux il faut avoir autant de droiture & de probité que dans aucun autre de la societé civile.

Vous avez votre maxime, continua-t-elle, vous la faites valoir, & vous tâchez à l'établir par toutes sortes d'endroits. Mais ne vous appercevez-vous pas qu'elle renverse tout l'ordre ? Quoi ! parce

qu'une femme se lasse de fa-
voriser un Amant, & qu'un
autre lui plaît davantage, il
sera permis à cet Amant sur-
anné d'exiger la continuation de ses faveurs, & d'em-
ploïer même la violence pour
les obtenir ? Eh ! où en se-
roient les ames genereuses &
liberales, si parce qu'elles
ont accordé quelques graces,
quelque bienfait, elles étoient
obligées sous peine du bâton,
d'avoir les mains toûjours
ouvertes ? Les graces & les faveurs changeroient de nom &
de nature, & deviendroient
des dettes & des devoirs. Cet
usage est hors de mode, ou
pour mieux dire, inconnu jus-

qu'à nous ; & il n'y a jamais eu que Louis le Grand qui se soit fait une loi d'accabler de bien ceux à qui il avoit commencé d'en faire ; c'est pour cela qu'un Seigneur autant distingué par son esprit que par son rang, le supplia une fois agréablement de lui donner un écu, étant persuadé que ce premier don seroit suivi d'une infinité d'autres. En amour la chose va tout autrement ; cette obligation ne subsiste qu'autant que dure l'inclination ; dès qu'elle finit & que la chaîne est brisée, chacun reprend son rang. La Maîtresse rentre dans ses droits & dans sa liberté : Elle

difpofe de fa perfonne & de
fes faveurs à fon gré, & les
donne à qui elle veut, fans
que cet Amant délaiffé puiffe
prétendre aucun dommage
ni interêt, encore moins ufer
de violence ni de voïe de fait,
pour recouvrer ce qu'il a perdu. Cette regle eft fixe, elle
eft refpectée de toute la terre;
& je pourrois citer mille A-
mans, qui dans l'infortune
de leur amour, ont fait gloire
de s'y foumettre, & qui pour
ne pas la violer, ont fouffert
de grands maux, & la mort
même.

Mais comme mon frere eft
plus inftruit que moi de leurs
avantures, & qu'il a une fa-

cilité de s'exprimer que je n'ai pas, je le prie de vous raconter ce qu'il en sçait de source, & par lui-même. Lygdamis, Alidor & Philandre sont trois Heros qu'il peut produire sur la scene, & que je prens pour témoins de ce que je viens d'avancer contre votre maxime. Ils ont eu des liaisons particulieres avec lui, & personne n'en peut parler avec plus de certitude.

Vous vous retranchez, ma sœur, dit Oronte, sur un défaut que je ne remarque pas en vous. Les femmes ont reçû de la nature le don de parler plus que les hommes ; & quand elles sont d'un certain rang ,

la pratique du grand monde
leur donne aussi celui de parler avec plus d'agrément &
de politesse. Ce n'est donc pas
le défaut que vous vous im-
putez gratuitement qui vous
arrête : Vous craignez feulement que votre pudeur n'en
souffrit un peu , si vous racontiez certaines circonstan-
ces de l'histoire de ces malheureux Amans. Je veux bien
par complaisance me charger
d'un emploi dont vous vous
acquitteriez parfaitement ; &
ceux qui vous connoissent ne
m'accuseront pas de flaterie
& de préoccupation sur ce
que je dis de vous.

Oronte après ce préambule

commença ainsi sa narration.

Lydamis , dit-il , étoit le garçon le mieux fait de tout Paris , il étoit né avec des qualités d'esprit assez mediocres : L'éducation rectifia en lui , & pour ainsi dire , éleva la nature. La Charge importante que son pere avoit à la Cour , & dont il partageoit l'exercice , lui donnoit de grandes relations. Il étoit toûjours avec ceux qui approchent de plus près la personne du Roy: Et semblable à une Abeille qui vôle de fleur en fleur pour en emporter le sucre , & composer son miel ; il suivoit & étudioit les perfections de tous ceux qu'il étoit obligé

de fréquenter , & fe les appro-
prioit en quelque forte. Il prit
par cette étude de fi bons airs
& de fi excellentes manieres ,
qu'il devînt le plus galant &
le plus poli de tous les jeunes
gens de fa volée.

Il vit un jour Dorife à l'Ar-
fenal chez la Maréchalle. Elle
venoit d'époufer un ancien
Officier General des Armées
du Roy , à qui elle avoit apporté pour toute dot fa jeunef-
fe & fes agrémens : C'étoit un
vieux routier qui fçavoit toutes les rufes des Galans, & qui
comme les gens de fon âge ,
étant fufceptible d'ombrage
& de jaloufie, lui faifoit de
tems en tems fur les moindres

sujets, des sermons de sagesse
& de retenuë qui l'enga-
geoient à garder de grandes
mesures dans les compagnies
où elle se rencontroit avec
lui. Heureusement pour elle,
il avoit à parler ce jour-là de
quelques affaires au Maréchal
qui étoit dans son appartement ; il laissa Dorise dans
celui de la Maréchale, avec
quantité d'autres femmes qui
étoient venuës passer l'après-
dinée chez elle. Dorise étoit
inconnuë à plusieurs, mais le
nom de son époux, la qualité
de Marquise que son mariage
lui avoit donnée, & tout l'esprit & toute la beauté que l'on
peut imaginer, lui attirerent

dans un inſtant l'accüeil & la
familiarité de toutes ces Dames.

Lydamis qui étoit de cette
partie, parce qu'il avoit accompagné le Vidame de
Chartres chez ſa mere, lui fit
un compliment aſſaiſonné de
toute la bonne grace du monde, elle répondoit obligeam-
ment, en peu de mots. Il ſon-
geoit à reprendre ſon ſiege,
mais ayant remarqué que la
Ducheſſe d'Aumont s'y étoit
venuë placer pour entretenir
la Vidame, il ſe mit dans un
autre qui étoit vacant auprès
de Doriſe ; cette ſituation l'in-
vitoit à lui dire des douceurs,
& il ſembloit même que la

compagnie lui en laiſſoit le
ſoin, il en haſarda quelques-
unes dont le tems a juſtifié
la ſincerité. Le premier coup
d'œil que j'ai jetté ſur vous,
Madame, lui dit-il, a allumé
dans mon cœur une flamme
qui ne s'éteindra jamais; c'eſt
mon ſort d'aimer dès la pre-
miére vûë ce que je dois aimer toûjours : Ne m'obligez
pas à me plaindre de ſa rigueur & de votre indifference; je me preſſe de vous demander cette grace ; les gens
pour qui les occaſions ſont ra-
res doivent les mettre toutes à
profit ; je connois par oüi dire
l'humeur du Marquis votre
époux, & plus encore par experience

perience celle des femmes de
la Cour ; si je vous parle long-
tems , elles y donneront un
dessein , & si je ne vous parle
point du tout , elles croiront
que j'y entens mystere ; il faut
donc prendre un milieu extraordinaire pour les dépai-
ser : » Attribuez-vous tout ce
que je vais dire à mon chien ?

Lydamis , pour faire cette
declaration , prit le tems que
ces Dames étoient occupées à
lier des parties de jeu, & qu'en
attendant le moment de s'y
mettre , les unes parloient de
modes & d'ajustemens & les
autres ouvroient des propos
de guerre sur la campagne de
Flandre dont les commence-

mens tournoient assez mal
pour nous.

Il eut sans doute hesité à
s'expliquer si distinctement,
avec une personne qu'il n'a-
voit point encore vûë, s'il n'a-
voit remarqué dans ses premiers regards un prognostic
de sa bonne fortune. Ce fut
sur ce fondement qu'il lui
parla, comme s'ils eussent été
déja d'accord; elle l'écouta
avec plaisir, & ses yeux conti-
nuerent à fortifier le préjugé
de son amour propre.

Il prit alors sur ses genoux
un petit Levron qui étoit à ses
pieds, & que la Vidame l'a-
voit obligé de mettre dans son
carosse, parce qu'elle le trou-

voit à son gré , il lui dit en le
caressant mille bagatelles ré-
joüissantes , & qui alloient à
son but. Vous sçavez , mon
cher Citron , lui disoit-il, que
je vous ai aimé dès la premiere fois que je vous vis , &
que pour vous avoir je cedai
un Cheval qui valoit bien de
l'argent , je me suis défait
pour l'amour de vous de tous
mes autres Chiens, & j'ai refusé depuis tous ceux que l'on
m'a presentés ; je ne sçaurois
plus vivre sans vous, dès que
je vous perd de vûë je suis en
inquietude ; notre humeur a
beaucoup de raport , notre
couleur n'en a gueres , votre
poil est blanc, le mien est noir,

K ij

mais la nuit raccommode tout
cela & nous rend semblables.

Car si nous en croïons aux prover-
bes celebres
Qui sont en usage à Paris,
Tous Chiens sont noirs dans les
tenebres,
Comme on dit que tous Chats
sont gris.

Dorise témoigna par un
petit soûrire, qu'elle compre-
noit tout le sens de l'énigme,
elle avoit les cheveux d'un
très-beau blond ; ceux de Lydamis étoient noirs comme
du geais. Il continua d'ha-
ranguer son Levron. Ah !
Soyez-moi fidelle, lui disoit-
il, je ne vous quitterai jamais
pour un autre, on trouve dans

votre espece le symbole de la
fidelité ; j'espere trouver en
vous la réalité dont on vous
fait l'honneur de vous établir
la figure: Ce qui soutient mon
esperance , c'est que vous
aboïez souvent contre la Lune
qui est le modele des incon-
stans. La Duchesse d'Aumont
qui n'étoit pas assise loin de
lui , s'approcha pour prêter
l'oreille à ce jargon , & aïant
entendu les dernieres paroles
de Lydamis, qu'il avoit pro-
noncées assez haut : En verité , Monsieur , lui dit-elle ,
vous êtes bien desœuvré de
vous amuser ainsi à folâtrer
avec un Chien ; il me semble
que vous pourriez mieux em-

ploïer le tems, & cette belle
Dame (en lui montrant Dorife) doit être scandalifée,
pour ne pas dire offenfée,
de l'inutilité de votre occupa-
tion.

Je n'ai pas affez bonne opinion de moi, Madame, repartit Lydamis, pour me croire
capable de dédommager Do-
rife du plaifir qu'elle a à con-
fiderer votre belle troupe. J'ai
vû fes yeux tous occupés de
vos agrémens; je ne lui pou-
vois donner par mon entretien, qu'une diftraction en-
nuïeufe.

Dites plûtôt, repliqua la
Ducheffe, que vous n'êtes pas
aujourd'hui dans votre bon

jour. Nous n'avons pas affez
de charmes pour nous attirer
les regards de Dorife , & elle
en a tant qu'elle n'a qu'à paroître pour nous défaire toutes ; vous deviez faire un meilleur ufage de fa prefence , &
pour vous punir de votre fottife , je veux que vous me ce-
diez la place où vous êtes , &
que vous repreniez celle que
j'avois ufurpée fur vous. A-
vant que de vous obéïr, Madame , reprit Lydamis , per-
mettez-moi de vous dire que
je rend à Dorife toute la juftice qui lui eft dûë, & que la
conviction que j'ai de la force de fon merite eft l'unique
caufe de la fottife dont vous

m'accusez. Vous êtes un causeur, lui dit la Duchesse, retirez-vous d'ici.

Ce mouvement local fut heureux pour Lydamis ; à peine la Duchesse eut lié un moment de conversation avec Dorise, que le Marquis son époux rentra dans la chambre de la Maréchale, qui le felicita de même que toutes les Dames de la compagnie, sur le bon goût qu'il avoit marqué dans le choix d'une aussi belle épouse; elles lui demanderent mille choses toutes à la fois, s'il résideroit à Paris? En quel quartier il avoit fixé sa demeure ? S'il ne prendroit point de maison à Versailles ?

failles? Et s'il n'aimeroit pas
autant la Cour, qu'il avoit
jufqu'alors aimé la guerre. Il
répondit jufte à toutes leurs
demandes, après quoi il leur
fit une profonde réverence,
& il remena Dorife en fon
caroffe. Lygdamis fut ravis de
s'être éloigné fi à propos, &
que le Marquis ne l'eut pas
trouvé auprès de Dorife; il
fe fentoit épris, il avoit un
preffentiment que cette belle
fe laifferoit toucher, & il vouloit garder toutes les mefures
imaginables, puifqu'elles é-
toient neceffaires. De fon côté Dorife fe retira percée
d'un trait que fes penfées &
fes réflexions enfoncerent

L

bien avant dans son cœur.
L'image de Lygdamis se pre-
sentoit continuellement à son
esprit ; elle se faisoit des applications tendres de toutes
les badineries qu'il avoit dites
à Citron, & elle auroit acheté
à grand prix l'occasion de lui
entendre repeter la declaration de son embrasement su-
bit ; mais quelques moyens
qu'elle imaginât pour se satisfaire là-dessus, il s'éva-
noüissoit à la vûë des difficultés qu'il faloit surmonter
pour le mettre à execution ;
son mari sçavoit si bien choi-
sir son Domestique, & il le
ménageoit de telle sorte qu'il
n'y avoit chez elle aucune

personne à qui elle pût se fier.
Vous jugez bien de-là que son
ame n'éroit pas tranquille.

Lygdamis la tira bientôt de
ce fâcheux embarras, il avoit
à cœur de faire une conquête
si glorieuse, & son amour l'y
portoit mille fois plus que son
ambition.

L'Important étoit de la pouvoir joindre, il mit tout en
œuvre pour cela. Il posa une
sentinelle assez près de la porte de Dorise pour l'informer
de toutes ses sorties ; c'étoit
un Valet affidé qui avoit un
talent merveilleux pour deviner les tems favorables; il vint
un matin avertir son Maître
que Dorise étoit à S. Sulpice,

& que le Laquais qui l'y avoit suivi étoit sorti pour aller faire un message. Lygdamis partit de chez lui comme un éclair, aïant apperçû Dorise seule auprès d'un pillier, il se fut mettre à genoux à ses côtés, & lui dit tout bas, je viens, Madame, renouveller ici la declaration précipitée que je vous fis dernierement ; je m'estimerai le plus heureux de tous les hommes, si vous l'approuvez, & le plus malheureux si elle vous déplaît ; je ne vous souhaite aucun malheur, répondit Dorise ; mais prenez garde vous-même que vous ne m'en attiriez quelqu'un ; je suis étrange-

ment obfervée , & je crois
toûjours voir des argus au-
tour de moi; ne craignez rien,
Madame, reprit Lygdamis; je
ne manquerai jamais de cir-
confpection , je fçai affez bien
vivre & encore mieux aimer;
ces deux talens vous doivent
affurer de mon attention à éviter tout ce qui pourroit vous
caufer quelque chagrin. Je
crois, dit Dorife , que vous
aimez fagement, dites plûtôt
prudemment, Madame, repliqua Lygdamis, on eft fouvent
fage à contre-tems en amour,
& c'eft la plus grande folie du
monde; mais la prudence eft
toûjours de faifon. Vous vous
imaginez , lui dit Dorife ,
L iij

folâtrer encore avec Citron; je vous conseille de lui aller incessamment debiter cette maxime; vous m'exposez, si vous restez plus long-tems auprès de moi. Mon Laquais est tout prêt de revenir, & il est aux gages des Argus; je me retire, Madame, répondit Lygdamis, mais autorisez du moins de quelque signe favorable l'espoir que j'ose concevoir que je ne vous serai point indifferent: Un regard tendre accompagné d'un soûrire gracieux fut la réponse & le signal du succès de son amour.

L'entrevûë de ces Amans ne servit qu'à les enflammer davantage & à augmenter

l'impatience qu'ils avoient de
se revoir. Lygdamis couroit
tous les matins à S. Sulpice ;
Dorise y alloit toutes les fois
que son époux ne la menoit
pas ailleurs. Quelques jours
après l'entretien dont je viens
de parler, Lygdamis la rencon-
tra encore seule au même en-
droit. Elle lui laissa voir toute
la joïe que sa presence donnoit à son cœur. Il lui dit tout
ce qui pouvoit le mieux exprimer la violence de sa passion ; il la pressa de lui permettre de lui écrire. Elle le
lui permit ; mais quelques
expediens qu'il proposât pour
lui faire tenir ses Billets, elle
les rejetta tous, parce qu'elle

n'y trouvoit pas de sûreté :
L'amour qui est ingenieux &
qui ne manque jamais d'in-
ventions pour surmonter les
plus grands obstacles, lui en
suggera une, dont il vit d'un
coup d'œil toutes les utilités.
Agréez, Madame, lui dit-il,
l'offre que je vous fais de Citron : Je sçai que vous aimez
les Chiens ; je vous l'enverrai
par une femme de confiance,
de qui vous ferez semblant de
l'acheter : Acceptez-le , je
vous prie , le tems vous fera
connoître que tout peut servir
à un amour bien conduit.
Dorise accepta le petit animal, & dit en riant à Lygdamis , qu'elle en feroit son

Chien d'honneur.

Lygdamis dès le lendemain lui envoïa Citron. La femme qui le lui porta s'acquitta de cette commiſſion avec tant d'adreſſe , & fit ſi bon marché de la petite bête , que le Marquis reſta perſuadé qu'elle l'avoit volé quelque part. Doriſe careſſa tant le pauvre Citron, & lui fit ſi bonne chere , qu'il lui fut dans peu de jours auſſi attaché que s'il avoit été elevé dans ſa maiſon ; il ſe déroboit pourtant de tems en tems pour courir chez Lygdamis, qui logeoit dans le même quartier, ainſi qu'il en uſoit avec ſon premier Maître lorſque Lygdamis l'eut troqué

pour un Cheval d'Espagne.
Citron étoit docile & obéïs-
sant ; Lygdamis après l'avoir
flatté quelques momens, le
renvoyoit, & il retournoit
chez Dorise. Ce manége étoit
si ordinaire, que Lygdamis
qui l'avoit prévû, en ayant
remarqué la régularité pendant un mois, jugea à propos
de le mettre à profit; il con-
seilla à Dorise de l'orner d'un
plus beau collier & de le faire
faire assez large pour qu'on
pût glisser un Billet dans
l'entredeux de la doublure.
Dorise suivit ce conseil,
& la premiere fois que Citron parut chez Lygdamis
avec son nouveau collier,

il mit dedans un Billet qu'il
tenoit tout prêt, que le Chien
porta chez sa Maîtresse. Dorise qui s'en doutoit, prit son
tems pour le retirer, elle le
trouva le plus tendre & le plus
spirituel qu'elle eût jamais lû.
La maniere extraordinaire
dont il étoit venu entre ses
mains le lui rendit encore plus
agréable. Elle fut charmée
d'avoir en sa disposition un
messager si fidele & si peu suf-
pect, ce fut ce qui l'enhardit
à faire une réponse dont Lygdamis fut satisfait au-delà de
ce qu'on peut s'imaginer; ce
ne fut plus qu'une vicissitude
éternelle de Billets où ces A-
mans découvroient sans éni-

gme les sentimens de leur cœur, & tout ce qu'ils avoient à dire ou à faire suivant la conjoncture.

Un jour qu'ils se trouverent ensemble à S. Sulpice, & que Lygdamis se préparoit à demander à Dorise une marque sensible de son amour ; Citron, par un pressentiment secret du travers qu'un faux devot y apporteroit dans peu, aboïa d'une si grande force contre cet hypocrite, quelques menaces que Lygdamis lui fit avec sa canne, il ne lui fut pas possible de le faire taire ; Lygdamis se retira sans s'être expliqué, parce que le bruit que faisoit cet animal

attiroit de ce côté-là les regards des affiſtans. Fâché d'a-
voir perdu cette occcaſion ,
il compoſa le Sonnet ſuivant
que Citron porta à Doriſe
avec ſon exactitude ordi-
naire.

Avis charitable à Citron,

SONNET.

Votre conduite ne vaut rien,
Tout le monde s'en ſcandaliſe ;
On croit que vous êtes payen,
Et que le diable vous maîtriſe.

Si vous ne vous comportez bien,
Je crains qu'on ne vous mépriſe ;
Il n'eſt pas d'un honnête Chien
De faire du bruit à l'Egliſe.

Lorſque vous ſerez importun,

Il se pourra trouver quelqu'un
Qui vous donnera sur la gueule.

Dorise en aura du courroux ;
Mais elle s'en fâchera seule ,
Et vous aurez cela pour vous.

Dorise , pour parer l'effet
de cette prophetie , ne mena
plus Citron avec elle ; c'étoit
aussi le parti le plus sûr qu'elle
pouvoit prendre , pour n'être
pas interrompuë ; Lygdamis
trouva bientôt un moment
pour s'expliquer , il pressa Dorise de le rendre heureux ,
elle le promit à demi ; mais
dans un instant la réflexion la
fit dédire. La retractation n'é-
toit fondée que sur une déli-
catesse d'honneur ; Lygdamis

n'ayant pû vaincre ce fcru-
pule, fe fépara d'elle avec un
air contrit & le vifage d'un
homme condamné ; fon cha-
grin réveilla fa mufe, & pour
le diffiper, il écrivit ce Rondeau où il fait allufion à ce
que Dorife lui dit en accep-
tant fon Lévron.

RONDEAU.

Ce Chien d'honneur, fi celebre
   en tous lieux,
Aimé de vous prefqu'autant que
   les Dieux,
Et qui vous fuit au lit, comme à la
   table :
Qu'a-t-il en lui de fi confiderable,
Que vous n'ofiez l'éloigner de vos
   yeux ?
Les animaux n'ont rien de gracieux
Il n'en eft point qui ne foit odieux:

Mais entre tous je haïs comme le
diable

> Ce Chien d'honneur.

Et sans mentir, en voit-on sous
les Cieux
De qui l'instinct soit plus mali-
cieux ?
Il gronde, il mord, il est inexora-
ble :
Et quand mes soins vont vous
rendre traitable,
J'entens d'abord aboyer de son
mieux

> Ce Chien d'honneur.

Ce Rondeau plût fort à
Dorise ; ce fut un espece de
talisman qui la préserva pour
l'avenir de la maladie des
scrupules & du point d'honneur ; elle n'eut plus d'autre
volonté que celle de Lygdamis

mis à qui elle permit le choix
du champ où son amour de-
voit être couronné. Il le prit
chez un Employé qui demeuroit dans une petite ruë prés
de S. Sulpice , & qui avoit
été Domestique de son pere ,
& lui devoit même sa petite
fortune. Il fit meubler chez
lui une chambre basse, & c'é-
toit-la le Palais où il attendoit
sa Reine tous les matins. Le
rendez-vous étoit commode
pour elle. Elle s'y trouvoit
toutes les fois que son époux
avoit quelque attaque de
goutte , ou quelque ressentiment de ses blessures. Le man-
teau de la dévotion couvroit
son jeu. Elle entendoit la

M

Messe régulierement tous les jours ; & quand l'occasion lui paroissoit favorable, elle envoyoit son Laquais au fond du Marais chez sa mere, qu'un violent rhumatisme retenoit dans le lit depuis quelques mois, afin qu'il lui apportât des nouvelles de sa santé. A peine avoit-il le pied levé, qu'elle sortoit par la petite porte de l'Eglise, & dans trois pas elle se trouvoit cantonnée chez l'Employé avec son cher Lygdamis. Ils passoient ensemble une demie heure dans les délices d'un amour content, aprés quoi elle revenoit continuer sa priere & ses méditations. Ce commerce dura quelque tems sans qu'on s'en apperçût ; mais enfin la curiosité d'un faux dévot , laquelle est toûjours plus maligne & plus dangereuse que celle d'un libertin, le fit démêler.

C'étoit le même contre lequel Citron avoit tant aboïé , quand leur intrigue commençoit à se former. Ce malheureux , suivant la coutume des gens de son caractere , passoit toute la matinée dans l'Eglise. Cette longue résidence a des peines & des fatigues pour ceux qui ne s'y assujettissent que par grimace. Notre hypocrite se délassoit en observant la contenance de ceux qui venoient prier, ou en faire semblant.

Les mouvemens de Dorise le frapperent. Il fit de mauvais jugemens : Et pour les appuïer, il l'examina & la suivit de si près, qu'enfin il la vit entrer d'une grande vîtesse chez l'Emploïé, & en sortir quelque tems aprés avec un teint vermeil & des yeux enflammez. Il ne s'en tint pas là, il questionna encore une personne de sa connoissance qui étoit la gazette du quartier. Elle fortifia de ses remarques les soupçons qu'il avoit eu d'abord. Il parla en plusieurs endroits du rendez-vous de Dorise, comme d'un commerce averé. Le bruit en vint à ſes oreilles, elle craignit avec raiſon qu'il ne fût porté juſqu'à celles de ſon époux : Et ſoit par cette crainte, ou parce que le moment fatal où ſa flamme devoit s'éteindre étoit arrivé.

Elle ſe détermina ſur le champ à rompre avec Lygdamis & lui ordonna de ne la voir plus. Il la conjura tendrement de revoquer cet ordre, ou du moins d'y apporter quelque moderation. Elle fut inflexible ; & pour lui ôter toute eſperance de retour & de communication, elle fit dépaïſer Citron & l'envoïa à une Abbeſſe de ſes amies,

dont le Monastere étoit à
vingt lieuës de Paris.

Vous comprenez assez ,
Messieurs & & Mesdames ,
continua Oronte, quel fut le
desespoir de Lygdamis & de
quelles pensées son ame se
trouva agitée. Il imagina tout
ce qui pouvoit avoir eu part à
sa disgrace , & aprés lui avoir
attribué plusieurs causes faus-
ses & chimeriques , il découvrit enfin le veritable , & ne
regarda plus l'éclat du faux
dévot que comme un prétexte
dont on s'étoit servi pour le
congedier.

En effet avant leur rupture ,
Dorise avoit déja pris quelqu'engagement de cœur avec

un neveu de son époux. C'é-
toit un jeune homme bien
fait, & qui s'étoit acquis quelque réputation de valeur dans
la guerre d'Italie sous le com-
mandement de M. de Ven-
dôme.

Cet Officier étoit tendrement aimé du Marquis son
oncle : Il logeoit chez lui. La
commodité de cette conjoncture contribua sans doute à
faire prendre à Dorise le parti
de l'aimer. L'infatuation de
son époux pour ce neveu lui
paroissoit un voile épais, qui
déroberoit à ses yeux, & le
nom & la qualité de leur liaison. Mais ce qui est caché à
un mari ne le sçauroit être à

un galant qui aime & qui a
été favorisé ; il voit plus clair
que tous les Argus du monde.
Lygdamis par ses propres réflexions & par les découver-
tes de ses amis, ne fut que trop
persuadé de son malheur &
de l'inconstance de sa Maîtresse. Il pouvoit la lui reprocher : Il pouvoit faire connoître ses allures à son époux , &
lui dessiller les yeux , il pouvoit lui faire honte de sa legereté : Les billets qui lui re-
stoient entre les mains , &
qu'elle avoit écrits sans ména-
gement, portoient des convic-
tions de ses foiblesses , il pouvoit s'en prévaloir : En un mot
pouvoit la menacer & la punir

nir même pour la mettre à la raison. Il ne fit rien de tout cela. Il conserva un respect extréme pour elle, malgré son infidelité. Il garda un silence profond sur son nouvel enga-gement. Il parla toûjours d'el-le avec éloge & avec estime. Il brûla tous ses billets pour n'être pas exposé à la tentation de les produire ; & voïant qu'une conduite si tendre & si honnête ne la ramenoit pas, il s'éloigna de Paris & de la Cour sur divers prétextes, & se livra dans son exil volon-taire à un tel excès de tristesse & de melancolie, qu'il y mourut bientôt de douleur & d'amour.

N

Voilà Alceste, s'écria Eleonor avec beaucoup de vehemence, voilà le procedé que doivent tenir les Amans, quand on leur defend d'expliquer leurs sentimens, ou qu'on leur refuse la continuation des graces qu'ils ont reçûës. Il faut plûtôt mourir qu'offenser celle qu'on adore. Celui que sa fureur emporte jusqu'à perdre les égards qu'il doit au rang & au sexe de la personne aimée, est un enragé qu'il faut étouffer. On a beau dire que son emportement vient d'un excès d'amour, c'est le définir très-mal, & pour peu qu'on l'examine de près, on trouvera que ce ne peut être

qu'une irruption d'un tempe-
remment brutal & furieux.
Quoi ! reprit-elle encore avec
le même feu , parce que l'on
a eu la complaisance ; & si
vous voulez , la foiblesse d'ac-
corder quelques faveurs , on
sera en droit d'en exiger la
perpetuité, & de châtier même celle qui y veut mettre des
bornes ? Eh ! Qui voudroit
être obligeante à ce prix ?
N'est-ce pas fermer la porte à
toutes les graces ? Il faut mourir encore une fois plûtôt que
d'attenter à la personne qu'on
adore, & de la frapper inso-
lemment. La maniere d'ai-
mer de Lygdamis est un modele
dele qu'on doit suivre: Rete-

nez-le bien, Alcefte. Il répondit froidement à Eleonor en la faluant. Oüi, Madame, je la retiendrai, & de peur de l'oublier, j'en vais charger mes tablettes.

Oronte eut bien voulu que fa fœur eut moderé fa vivacité, qu'il trouvoit trop impetueufe fur une matiere qu'on n'avoit mife en avant, que pour amufer & divertir la compagnie. Il lui en témoigna quelque chofe; mais comme il continuoit à l'apoftropher, Erafte l'arrêta tout court en lui difant que la conteftation eft le fel de l'entretien, & qu'il finiroit dans le moment, fi tout le monde penfoit & difoit les mêmes chofes.

Memnon ajouta, à ce qu'a-
voit dit Erafte, qu'il n'y avoit
rien felon lui, qui rendit le
difcours plus fade & plus lan-
guiffant, que l'uniformité de
fentimens fur un même fujet.
J'ai examiné, dit-il, affez long-
tems dans mes méditations
folitaires, la caufe de cette diverfité des opinions, & j'ai
même cherché des moyens
de les réduire à l'uniformité ;
mais aprés avoir bien pefé les
avantages & les defavantages
de l'une & de l'autre, il m'a
paru que la diverfité des fentimens fur un même point eft
dans une converfation auffi
agréable à l'efprit que le peüt
être aux yeux celle des cou-

leurs dans une même fleur. Dom Japhet d'Armenie dans la Comedie qui porte son nom, a une saillie que j'adopte de tout mon cœur, & qui marque assez que la contestation a son agrément ; c'est quand il dit brusquement à ce Mylord de Village qui lui répond toûjours affirmativement : *Maudit soit qui dira toûjours oüi.* Un peu de contrarieté réveille l'esprit & l'attention.

En verité Memnon, reprit Eraste, vous rendez la conversation si aimable, que j'appréhende bien d'avoir déplû à ces Dames, par la complaisance que j'ai euë d'adherer &

d'applaudir à tout ce qu'elles ont dit contre la maxime d'Alceste. Il m'eut esté facile d'éviter ce malheur. J'avois des faits constans à leur opposer, non seulement pour justifier les emportemens des Amans, mais encore pour prouver que ceux de nos Maîtresses vont quelquefois plus loin, & ont des causes & des motifs infiniment moins raisonnables.

Vous me rendrez un grand service, lui dit Alceste, si par le récit de ces faits qui vous regardent apparemment, vous pouvez balancer les sentimens que ces Dames opposent aux miens. Si vous ne me donnez pas gain de cause, vous nous mettrez au moins hors de cour & de procés.

Je veux bien, reprit Erafte, vous donner la fatisfaction que vous defirez ; mais aux mêmes conditions qu'il a plû à Eleonor d'accepter, car je n'aime pas qu'on m'interrompe.

Alcefte lui promit de la part de toute la compagnie qu'on ne troubleroit pas fon récit.

L'amour pour la mufique, dit-il, eft une de mes paffions. Je courrois au bout de Paris pour entendre un concert de voix & d'inftrumens. Je vis un jour chez un de mes amis, une belle fille qui joüoit du luth parfaitement, & chantoit de même. Ses charmes, son jeu & ses chansons m'enga- geoient à l'aimer. Je lui ren- dis des soins assidus, & je pris de ce qu'elle chantoit des prétextes pour lui faire apper- cevoir ce qui se passoit dans mon cœur. Elle prit d'abord mes mines & mes expressions pour l'effet d'une simple ga- lanterie; mais enfin aïant compris que je parlois serieu- sement, & que j'étois verita- blement épris, elle ne me vou- lut pas abuser. Mon pauvre ami (me dit-elle assez plai- samment) vous me prenez pour quelqu'autre: Pourvoïez- vous ailleurs, car j'ai fait un vœu solemnel de n'aimer jamais que mon luth ; & sans doute je ne le violerai pas pour vous. Quoi ! Ma belle enfant (lui repliquai-je,) Sera-t-il dit dans le monde qu'un rival de bois m'a délogé de chez vous ? Moi qui ai la réputation de faire trembler les Amans les mieux établis ? Oh ! je ne quitte pas si facilement la partie ; & peut-être n'y va-t-il pas moins de votre honneur que du mien , que je tienne ferme jusqu'au bout. Non , non , reprit-elle , je ne veux aimer que mon luth , mon cher luth. Ma résolution est prise ; c'est mon petit mari , mon toutou , & en disant cela

elle l'embrassoit & le baisoit
tout son cœur.

Le feu m'emporta alors, &
je m'écriai : En verité je ne
vous croïois pas capable d'un
pareil entêtement : Il faut que
votre goût soit bien dépravé.
Vous voulez donc que ce luth,
ce bienheureux luth qui déso-
le ma tendresse, pendant qu'il
nourrit la vôtre, soit le sujet
de mes peines, comme il est
celui de vos divertissemens ;
& que n'aïant rien à démêler
avec lui, je devienne le plus
irreconciliable de ses ennemis.
He bien, il faut s'y résoudre,
je lui declare la guerre, &
s'il tombe jamais entre mes
mains, il n'en sortira qu'en

mille pieces. N'avez-vous pas de honte d'aimer un ingrat qui vous aime si peu, & qui n'est jamais si tranquille que quand vous ne pensez pas à lui? Vous avez beau prendre soin de son ajustement & de sa propreté, il est aussi prêt à vous dire, je vous haï que je vous aime, & à servir vos rivales que vous. Il ne vous parle que par contrainte, & les choses qu'il vous dit ne font que chansons & discours en l'air. Combien de fois avez-vous eu lieu de vous plaindre de ses caprices? Combien de fois avez-vous crû que vous ne l'aviez pas bien touché? C'est un insensible qui se moque de

vos careſſes, & qui ne s'appro-
cheroit jamais de vous , ſi
vous ne le tiriez à belles mains.
Vous le flattez, vous le prenez entre vos bras ; vous le
mettez ſur vos genoux ; tout
cela ne l'échauffe point ; il eſt
toûjours froid , toûjours aſſou-
pi , & vous ne l'éveillez qu'à
force de le pincer. Y a-t-il dé-
licateſſe pareille à la ſienne ?
il ne peut rien ſouffrir , &
vous le voyez rompre de lui-
même auſſi-toſt que vous le
prenez ſur un ton trop haut.
Un honnête Amant avant une
rupture (quelque tort que
vous puiſſiez avoir) cher-
cheroit à refaire ſa paix. Il ne
s'en embarraſſe nullement ;

Il seroit un siecle entier sans songer à se racommoder ; c'est vous seule qui faites tous les frais & toutes les avances ; & encore après ce racommodement ne laisse-t-il pas de conserver un peu d'aigreur. Quittez , quittez cet ingrat. Son ame est trop dure pour vous : Et je défie tout votre amour de remplir le vuide qui l'environne.

J'allois pousser plus loin la satyre & essaïer d'enlaidir mon rival par le contrelustre de ma conduite tendre & soumise; mais cette fille mille fois plus bisare que son luth, après m'avoir écouté avec quelque apparence de calme, entra dans une ſi grande fureur, que je crus qu'elle m'arracheroit les yeux ; elle me pinça ſi rudement les joûes avec ſes ongles que j'en eu le viſage tout défiguré, & pour comble d'indignité, à coups de poing & de pied elle me chaſſa honteuſement de chez elle, en me menaçant de m'ôter la vie ſi j'avois la hardieſſe d'y revenir. Jugez, Meſſieurs & Meſdames, par ce qu'elle fit pour l'interêt de ſon biſarre & chimerique Amant, de ce qu'elle eût fait pour celui de ſon amour. Celle qui frappe ſi cruellement pour une injure qui ne la regarde pas, tuëroit ſans doute pour une inſidelité.

Cet emportement eſt auſſi extraordinaire qu'il y en ait jamais eu, dit Memnon, & je le trouve d'un caractere à faire paſſer tous ceux des Amans. Les Dames voulurent raiſonner ſur cette hiſtoire ; mais Eraſte les arrêta : Souvenez-vous, leur dit-il, de notre convention, ſi vous la violez vous payerez une amende ; elles ſe tûrent & il paſſa à un autre récit.

Je ne ſçai, continua-t-il, ſous quelle conſtellation je ſuis né ; j'étois ſans doute condamné par les mauvaiſes influences que j'en reçûs au moment de ma naiſſance à être le joüet & la victime de la biſarrerie

des

des femmes. Après avoir été amoureux de ma jouïeuse de luth, je le devins éperduëment d'une autre fille qui avoit un éclat de blancheur éblouïssant & dont elle étoit elle-même idolâtre. Je ne crus pas que mon air Egyptien apporta un obstacle à notre liaison : Mon sentiment étoit fondé sur une remarque que j'avois faite à la Cour. Tous les assemblages m'y avoient parû peu assortis. La blonde y étoit unie avec le brun, & le blond avec la brune. Un grand homme avoit une petite femme, & la geante un petit époux ; le flegmatique s'étoit allié avec l'enjouée, & l'éveillé avec la

O

mélancholique. La nature au-
torifoit auffi mon opinion.
Toutes les combinaifons ne
s'y font que par le mêlange
des élemens contraires. J'avois
l'efprit rempli de ces idées :
Elles me tromperent toutes ;
& mon fecond attachement
fut auffi malheureux que le
premier. Je n'épargnai rien
pour me faire aimer de cette
nouvelle Maîtreffe ; mais tous
les foins que j'y apportai ne
me procurerent d'autre avantage que celui de lui faire
agréer mes vifites, fans qu'il
me fut permis d'affaifonner
nos entretiens de la moindre
expreffion tendre. Elle étoit
délicate fur la figure des hom-

mes, & mon teint basanné lui
affadissoit le cœur. L'habitude qui surmonte les répugnan-
ces les plus opiniâtres , ne fit
rien en ma faveur. J'emploïai
le raisonnement , qui est une
derniere ressource presque
toûjours inutile , mais sans
effet. Jugez-vous, lui disois-je,
du prix de l'étoffe par l'enve-
loppe : & le merite d'un honnête homme disparoît-il à
vos yeux , lorsqu'il ne leur
est pas presenté sous une écor-
ce agréable ? Si vous vous arrê-
tez à la superficie, c'est une
marque que vous n'aimez que
superficiellement. Oh ! que
les animaux sont bien plus
raisonnables ! les dehors leur

font indifferens, & jamais ils ne regardent fi l'on a belle peau.

Les bêtes à noire tunique
Dont l'œil ne peut fouffrir le jour,
Par le feul inftinct qui les pique,
Ne le font-elles pas l'amour
Dans leurs réduits obfcurs, dans leurs
fombres retraites,
Ne fe vont-elles pas conter mille fleu-
rettes
Après avoir gâté nos plantes & nos
fleurs ?
Sans que dans ce commerce où fe paffe
leur vie,
Il leur prenne jamais envie
De s'enquerir de leurs couleurs.

Sçavez-vous, après tout, pourfuivis-je, que ma couleur a autant de partifans que la vôtre, & que cette blancheur extréme qui vous fait regarder en France comme un Ange, vous feroit paſſer en mille autres climats pour un diable ? C'eſt de vos ſemblables, qu'on ſe ſert en ces lieux-là pour faire peur aux petits enfans. Vraiment, voilà bien de quoi faire la fiere avec vos lys & vos roſes. Ces badineries la firent rire & ne la fâcherent pas. Elle me renvoya en Affrique avec mes amours. J'y vais pour vous obéir, lui répondis-je ; mais avant de partir, faites-moi la grace de me dire où vous avez placé les vôtres. Dans cette petite bête, me repartit-elle, en me montrant un doguin blanc qui dormoit ſur un fauteüil. Sa robe me plaît infiniment, & ſa fidelité me charme ; je le préfere à tous les hommes du monde ; ce sont des traîtres , des perfides , des ingrats ; on ne sçauroit trop les haïr.

Je sçai , repris-je , que vous avez de justes raisons de vous plaindre de l'infidelité de l'un de vos Amans ; mais tous ceux qui aspirent à l'honneur de porter ce titre ne lui ressemblent pas ; vous auriez pû l'éprouver. Cet essai vous eut épargné l'indignité d'un choix qui flétrira à jamais votre memoire. Quoi ! parce qu'un homme vous a offensé par son inconstance, vous allez fixer votre amour sur un chien : Y eut-il jamais rien de si ridicule que cet échange ? Et qu'y gagnerez-vous ? Vous avez beau vanter sa blancheur : Il vaudroit mieux que vous aimassiez une plotte de nëige. Pour ce qui est de sa fidelité prétenduë ; c'est une pure prévention. Je reconnois à sa physionomie qu'il n'en a point : Et d'ailleurs j'ai de bons titres à vous produire pour vous convaincre , qu'il descend en droite ligne de ces chiens infideles qui laisserent aux oyes le soin de garantir le capitale de la surprise des Gaulois, & dont la negligence fut punie par le gibet, comme leur posterité par l'exil. Voilà un beau chien d'amour que

vous avez là. Il vous fera soup-
çonner d'avoir du penchant
pour la débauche ; car il suffit
aujourd'hui pour définir un
libertin , de dire qu'il vit
comme un chien , & qu'il
mourrera de même.

Je n'osai en dire davantage. Elle avoit entendu assez
tranquillement la satyre que
j'avois faite de sa blancheur ;
mais quand j'attaquai celle
de son chien, & les autres perfections qu'elle avoit loüées en
lui, & qui servoient de fondement à son amour ; le feu
lui monta au visage, les yeux
lui rouloient dans la tête, elle
mordoit ses levres , enfin elle
se leva brusquement de son

fiege

fiege pour exciter fon chien
à me mordre ; & voïant qu'il
n'obéiffoit point, parce qu'il
étoit un peu apprivoifé avec
moi, elle fe jetta fur mes
mains, les mordit & les é-
gratigna, & portant enfuite
les fiennes à mon col, elle
tenta de m'étrangler. Je me
débaraffai de cette furie, &
lui dis en fuïant que j'allois
avertir fes parens de l'envoyer
inceffamment à la mer.

Voilà ma feconde bataille,
qui prouve invinciblement
que les emportemens de nos
Maîtreffes, ont fouvent des
caufes moins raifonnables que
ceux de leurs Amans. J'effuïai
un troifiéme combat, mais je

P

suppose que vous êtes déja si las d'entendre parler d'égratignûres & de coups de poing, que je vais me borner à vous dire seulement le sujet bizare qui m'attira la colere & l'indignation de ma derniere Maîtresse.

La malheureuse issuë de mes deux attachemens auroit dû me rendre sage. Mon heure n'étoit pas encore venuë de le devenir. Les charmes de la Comtesse de M..., me rangerent sous son empire. Elle avoit les airs du monde les plus agreables pour un Amant, & les plus onereux pour un Epoux. Elle étoit toûjour magnifique, & sa parû-

re effaçoit tout ce que les autres femmes de fa qualité &
de fon rang portoient de plus
riche & de plus éclatant. Son
goût fut durant le cours d'une
année la régle du mien ; &
j'eus un grand foin d'être
bien brodé & bien galonné.
Mais m'étant trouvé un jour
au lever de Monfeigneur, &
l'ayant vû avec un habit tout
uni, la fantafie me prit d'i-
miter la modeftie de ce Prince. Je parus donc le lendemain chez ma Comteffe couvert de pinchina.

Dès qu'elle m'apperçût,
elle fit un cri comme une
perfonne effraïée de l'appari-
tion d'un fantôme. Qu'eft-ce

P ij

qui vous surprend, Madame,
lui dis-je? je suis étonnée, repartit t'elle, de ce que vous
ofiez paroître à mes yeux en
cet équipage. Je vois bien que
vous êtes las de votre amour,
& que c'est pour m'assûrer &
me convaincre de fa fin, que
vous vous êtes ainfi travefti
& que vous avés pris l'exté-
rieur de ceux à qui il n'eft
pas permis d'aimer, Je ne vous
reconnois point, & je ne fçai
plus qui vous êtes.

Je fuis Erafte, repliquai-
je, & cet Erafte qui vous a-
dore, & que vous avés ho-
noré de votre tendreffe. Je
voulus alors embraffer fes genoux : elle me repouffa bruf-

quement en me difant qu'elle aimeroit autant voir à fes pieds un Hermite craffeux ou quelque Talapoin, puif-que je leur reffemblois. Ce font donc là, Madame, re-pris-je, les gens à qui vous croyez que l'amour eft inter-dit ? parce qu'ils ne fuivent pas les modes & qu'ils font gloire d'en prendre le con-trepied.

Defabufés-vous, Mada-me, l'amour fe plaît autant fous la hûre que fous le bro-cart : il tire fes fléches à l'a-vanture ; elles tombent fur un Talapoin comme fur un Mo-narque. & l'étoffe groffiere, dont le premier fe couvre, ne

fut jamais impenetrable à
leurs pointes.

Vainement à ses traits s'opposent leurs
    habits.
C'est un foible rempart qu'une robe
    de laine ?
Ce qu'il fait tous les jours au cœur
    de nos Brebis :
Il le peut faire au leur avec bien moins
    de peine.

L'amour est également in-
different & pour les habits
& pour l'habitation : le chau-
me & les lambris dorés sont
la même chose pour lui, &
si nous en croyons un Poëte
Italien :

    Ce Dieu dont les exploits
    N'ont jamais de limites,
    A logé plus de fois
    Sous le toict des Hermites,
    Que sous le dais des Rois.

Si le ridicule & la bifar-
terie des habits pouvoient
mettre quelque obſtacle à ſes
deſſeins, l'eſpece des hommes ſeroit déja éteinte, ou
pour mieux dire elle eut trouvé ſa fin dans ſon commencement; puiſqu'Adam & Eve
ne ſe ſeroient jamais aimés
ſous des feüilles de figuier.
L'amour, ainſi que je l'ai dit,
eſt indifferent pour toutes
ſortes de parûres. La pauvre
& la riche lui conviennent
également, & comme la ſim-
plicité de l'habit d'un Talapoin ne l'empêche pas d'aimer, & d'être ſenſible : la ri-
cheſſe & l'éclat de celui d'une
femme,ne la rendent pas auſſi

plus aimable. Si vous pensés autrement, vous donnés dans une erreur pire que la premiere. Car il s'ensuivroit, selon vous, que vous ne porteriés au lit tous les soirs que la moitié de vos charmes, & de votre mérite, & que le reste coucheroit sur vôtre toilette. Desabusés-vous donc encore une fois, & rangés-vous au sentiment des personnes raisonnables, qui loin d'estimer davantage une femme, parce qu'elle est vêtüe plus superbement qu'une autre, en tire seulement cette consequence qu'il y a en France & à la Chine de belles manufactures, & que nous avons

des Marchands entendus pour
les débiter, & d'habiles Ar-
tifans pour les mettre en œu-
vres.

La Comtesse prit pour une
infulte tout ce que j'avois dit
pour juftifier la modeftie de
mon habit,& pour rabattre un
peu la vanité de fes ajufte-
mens. Elle me traita d'extrava-
gant & d'infenfé, de traître, de
perfide , d'homme qui renon-
çoit à fon amour, ou qui en
cherchoit ailleurs : & fa colere s'allumant tout d'un coup,
elle fe faifit de ma canne pour
m'en frapper ; je l'arrachai
d'une de fes mains, pendant
que l'autre étoit occupée à me
donner quelques foufflets.

Lorsqu'elle se vit desarmée de ma canne, elle se jetta sur un tison ardent pour m'en brûler le visage. Je gagnai la porte plus vîte que cette femme effrontée, qui avoit entrepris de séduire un de nos plus saints Docteurs.

Après avoir évité cet orage, ma raison se trouva dans un grand calme, & je me sentis capable de reflexion. Quel est mon sort, me disois-je à moi-même? Peut-il être plus bizarre & plus malheureux? Quoi, battu trois fois sans l'avoir merité? Battu pour un luth : Battu pour un chien blanc : Battu pour des habits. C'est trop être battu. Il faut

mettre fin à cela. Je formai
alors la refolution de ne plus
aimer de ma vie, & d'avoir
pourtant en toutes occafions
pour le beau fexe toute l'hon-
nêteté & la politeffe qu'il merite. C'eft ce que je veux garder, & dont je ne me départi-
rai jamais.

Je ne fçai pas, interrom-
pit, Belife, fi vous ne vous
êtes jamais relâché fur la premiere partie de votre refolution : mais il eft évident que
vous rempliffés parfaitement
les devoirs où vous vous êtes
engagé par la feconde. L'accüeil & la bonne chere que
vous nous faites ici, en eft
une preuve inconteftable, &

qui fera toûjours appuyée de toute notre reconnoiſſance. Je conviens auſſi que les Maîtreſſes dont vous vous plaignés & qui vous ont fait haïr l'amour, étoient d'un caractere extraordinaire, & qu'elles ſe feroient portées aux dernieres extremitez pour l'interêt de leur tendreſſe, puiſqu'elles en venoient à de ſi grandes violences, pour celui des bizares ſujets où elles l'avoient placée. Mais, Eraſte, après être entrée dans vos penſées, & dans vos ſentimens, vous ſouffrirés bien que je vous diſe que ſans nous avoir déclaré la guerre, vous nous faites plus de mal que tous nos ennemis.

Je lis dans les yeux d'Alceste, que le malheur de vos avantures le fait triompher, & qu'il prétend tirer de grands avantages pour fa caufe, du recit que vous nous en avez fait. Mais quelque atteinte que vous ayez donnée à celle que nous deffendons avec tant de juftice ; j'efpere que les deux hiftoires qu'Oronte nous a promifes retabliront notre droit.

Il eft vrai, Madame, dit Oronte, que je m'y fuis engagé. Je fuis prêt à faire tout ce qu'il vous plaira. Je vas raconter celle d'Alidor, mais je vous fupplie très-humblement de me faire grace pour celle de Philandre. Elle nous meneroit trop loin. Je profiterai de l'exemple d'Eraste, qui pour ne vous pas ennuyer, & peut-être par modestie, ne vous a pas voulu parler de certaines occasions, où il a été battu à sa gloire par des femmes d'un grand vol, & qui ne l'ont frappé que parce qu'elles l'aimoient violemment, & qu'elles s'étoient imaginées mal à propos qu'elles n'en étoient plus aimées. Je passe à la destinée d'Alidor.

Alidor étoit un Garçon extraordinaire en tout. Il avoit la taille haute, les airs grands, la mine fiere, la contenance animée, la tête belle & char-

gée d'une quantité prodigieu-
fe de cheveux blonds & bien
bouclés, les yeux & le vifage
pleins de feu. On trouvoit de
l'excés dans fes vertus, comme
dans fes vices. Sa colere étoit
une fureur; fa liberalité, une
profufion; fa bravoure, une
temerité; fa délicateffe fur le
point d'honneur, une tyran-
nie, & fa pieté une fuperfti-
tion; quand la pieté entroit
dans fon cœur (car elle y venoit par intervalle) elle l'ani-
moit d'un zele fi violent, qu'il
eut traverfé les mers, & ha-
fardé fa vie pour la converfion
des nations infideles. Son a-
mour étoit auffi violent que
fes autres paffions. Il auroit

tout entrepris, tout donné, & tout fait pour la perſonne aimée. Sa flâme étoit une incendie.

Il ſe ſentit frappé aux Thuilleries de la beauté d'une jeune Veuve; elle avoit les yeux bleus, & les cheveux noirs. La bouche grande, mais ornée de belles dents; les lêvres vermeilles : grands éclats de rire, mais toujours accompagnez de graces; l'air & la démarche d'une Amazone; & quand elle vouloit, le ton & la parole d'une Agnes. Son eſprit ſe tournoit aiſément à toutes ſortes de caracteres : & ſon humeur étoit toujours celle des gens qui pouvoient lui

être

utiles ; car il ne lui échapoit pas un mot qui ne tendit à ſes interêts. Les perſonnes boüillantes & impetueuſes ſont moins capables de diſcernement & de reflexions que les autres, & beaucoup plus faciles à être dupes. La vivacité d'Alidor lui fit donner tête baiſſée dans les filets de Philamie (c'eſt le nom de la jeune Veuve.)

Alidor étoit d'une condition & d'un rang à faire ſouffrir ſes viſites par tout. Il en rendit une le lendemain à Philamie, qui le reçût avec tout l'accüeil imaginable, par ce qu'elle avoit déja prévû à quoi il pouvoit lui être bon,

Q

& l'usage qu'elle en feroit
pour son utilité. Leur conversation commença d'abord par
des civilités. mais Philamie qui
avoit ses vûës la fit tomber
insensiblement sur ses affaires
domestiques. Elle en parla
avec tant de confiance & de
franchise, qu'Alidor qui se
flattoit aisément, crût qu'il
avoit peu de chemin à faire
pour entrer dans son cœur,
Elle déplora les malheurs du
Veuvage; elle lui dit que son
Epoux lui avoit laissé en mou-
rant, un jeune Enfant avec
un grand bien, & un plus
grand procès, dont la décision, si elle lui étoit contraire,
la ruineroit de fond en com-

ble, que son droit étoit bon ,
mais qu'elle avoit besoin de
secours.

Alidor lui repartit, qu'à
l'égard de son état, étant aussi
jeune & aussi aimable qu'elle
étoit, il se trouveroit toujours
des gens empressés à la consoler des disgraces de sa solitu-
de : & que pour ce qui regar-
doit son procez dont elle ap-
prehendoit si fort l'evene-
ment, il lui offroit sa personne,
sa bourse, ses sollicitations &
celles de ses amis. Quelques-
uns m'ont assûré qu'elle avoit
accepté ses offres sans restri-
ction. Je croi plus vrai-sembla-
blement qu'elle s'en tint à ses
soins & à son credit qui dévoit

être grand, puisqu'il étoit neveu du Duc de B.... qui avoit tout le pouvoir & toute la faveur de la Cour.

Alidor prit l'acceptation de ses offres pour un signal qu'elle lui donnoit de mettre la main à l'œuvre. Il partit de chez elle avec autant de zele & d'ardeur pour ses interêts, que s'il avoit été son homme d'affaires, Il se fit instruire par son Procureur. Il consulta plusieurs Avocats, il suivit tous les Conseillers : il fit la cour au Rapporteur, & des liberalitez à son Secretaire. En un mot il se donna tant de mouvemens & remüa tant de machines, que la cause

fut mife fur le Bureau, & ju-
gée à l'avantage & fuivant les
defirs, de Philamie.

Durant le cours des folli-
citations, la porte de cette
belle fut toujours ouverte pour
Alidor, & il n'y avoit point
d'heure induë pour lui. Je ne
fçai pas fi fon amour profi-
ta de cette liberté : ce Cavalier a toujours été difcret, même au plus fort de fon defef-
poir.

J'ai feulement appris d'un
de fes Confidens, grand fe-
ctateur des maximes d'Alcefte, & qui ne blâmoit pas moins
fa retenuë que fa crédulité,
que fur le point que le procès
alloit être jugé, & qu'Alidor

lui donnoit parole qu'elle le
gagneroit ; il s'avisa de lui demander si elle l'aimeroit ; &
qu'elle lui répondit avec une
innocence affectée, eh ! Monsieur, vous êtes si aimable,
& je vous dois tant de reconnoissance? Toutes les fois qu'il
lui parloit de sa passion , & la
pressoit de conclure : elle lui
faisoit de ces reponses vagues
& indefinies , qui sembloient
dire quelque chose , & ne di-
soient rien en effet , & où il
paroissoit entrer beaucoup de
sincerité & de franchise, quoiqu'il n'y en eut point chez
elle : car elle étoit fine & dis-
simulée au dernier point , &
ceux qui n'examinoient pas

ses discours d'assez près, y
étoient toujours trompez.

Quand Philamie se vit hors
d'embaras & que le gain de
sa cause l'avoit mise en possession de tous ses biens : elle
prit le ton & les airs qui lui é-
toient naturels ; ce fut une
nouvelle personne pour Alidor. Elle le supplia de retran-
cher un peu de ses visites trop
frequentes. Je vous fais, lui
dit-elle, cette priere, parce
qu'on en parle dans le monde, & que cela me fait un
tort infini. J'ai rejetté cette fre-
quentation sur les bons offi-
ces que je recevois de vous, &
dont j'avois tant de besoin durant le cours de mon pro-

procès. Mes parens & mes amis qui en sçavent l'utilité ont approuvé cette excuse, & la trouvent bien fondée : mais le public n'est pas si équitable. Vous sçavez qu'il ne pardonne rien, & qu'il tourne tout en mal. Il ne me seroit pas possible de justifier auprés de lui le scandale de vos assiduitez. Il faut donc puisqu'il importe à ma réputation, y mettre quelques bornes & quelques mesures.

Alidor étoit d'un temperament violent. Il aimoit Philamie à la fureur, & il avoit signalé son amour par un service essentiel. Il dévoit (ce semble) être irrité d'un pareil

pareil compliment : il écouta
avec douceur & avec foûmif-
fion, & il promit à Philamie
de fe rendre plus rare à l'avenir. En effet il mit dépuis
d'affez grands intervalles à fes
vifites ; mais ayant remarqué
que Philamie abufoit de fa
bonté , & qu'elle lui faifoit
dire très-fouvent qu'elle n'é-
toit pas au logis , quoiqu'il
fut affûré du contraire : il entra dans des foupçons qui l'en-
gagerent à la faire obferver. Il
fut bientôt informé , qu'elle a-
voit beaucoup d'attachement
pour un homme qui avoit cul-
tivé fa bienveillance durant
la vie de fon Epoux, & qu'elle
fongeoit à s'unir à lui par les

R

liens du Mariage. Cette nouvelle l'accabla de defespoir. Il courut chez elle comme un furieux, & s'étant jetté à fes genoux : Décidés, Madame, lui dit-il, en ma faveur contre un Rival qui n'eft pas digne de votre amour. Après ces mots, il tira fon épée, & ajoûta que fi elle lui refufoit cette jufte décifion, il alloit s'en percer le fein, n'ayant point d'autre parti à prendre que celui d'expirer à fes yeux. Philamie vit cet emportement fans effroy. Elle répondit froidement à Alidor : *Remettés, Monfieur, votre épée dans le fourreau : Nous ne fommes pas dans un fiecle où les Amans fe défaffent* eux-mêmes, & déviennent les victimes de leur amour. Il y a mille ans que l'Eglise ny la Justice n'ont pas profité d'un sol de ces sortes de parricides. Je n'oublierai jamais continua-t'elle, Alidor, les bons services que vous m'avés rendus, & je serai toujours de vos amies: mais songés que chacun est libre & maître de ses actions, & que vous n'avés aucun droit de vous opposer à mes projets. Ce discours assomma Alidor. Tout son feu & toutes ses forces tomberent dans le moment. Il se retira sans avoir pû trouver une parole pour répliquer, & confus de n'avoir pas exécuté sur le champ son tragique dessein.

Vous avés crû, sans doute,

Messieurs & Mesdames (continua Oronte) que la colere d'Alidor la meneroit plus loin : qu'il se déchaîneroit en invectives contre son ingrate ; qu'il briseroit ses meubles, feroit quelque entreprise sur sa personne , & qu'après avoir assouvi sa rage , il laisseroit la vie à ses pieds. Non, il ne commit aucune de ces violences. Ce lion se comporta en agneau. Il conserva le desir d'adorer Philamie jusqu'au dernier soûpir & de lui rendre de nouveaux services, loin de lui reprocher les anciens. Il ne traversa ni son Rival ni son mariage, & ayant appris qu'il étoit couronné, loin d'éclater en injures , il parla de cet Epoux avec efti- me, & ne s'arma de vengean- ce & de rigueur que contre lui-même. Son cœur s'aban- donna au chagrin & à la dou- leur La fiévre quarte le prit, elle le deffécha comme un fquelette : & plus tourmenté par l'excès de fon amour, que par la violence de fa maladie; voyant que fes jours ne finif- foient pas affez-tôt , il voulut être faigné fur le foir : & lorf- que fes gens furent retirez & qu'on le croyoit endormi, il défit la bande & la compref- fe qu'il avoit au bras , & per- dit ainfi la vie avec fon fang.

Eh bien, Alcefte , s'écria

encore une fois Eleonor, voilà une autre maniere d'aimer
qui condamne la vôtre , &
que vous devés mettre sur vos
tablettes. J'y pensois, Madame , répartit Alceste, & s'il
me prend jamais envie de
composer un art d'aimer, elle
y aura sa place. Nos Amans
françois y apprendront qu'il
vaut mieux s'empoisonner &
s'égorger soi-même , que de
se faire aimer à coups de
cannes.

En verité , ma Sœur, ré-
prit Oronte , je ne sçaurois
vous pardonner votre achar-
nement contre Alceste. Il me
scandalise tout de bon. Quel
sujet avez-vous de le maltrai-

ter? Et de quoi eſt-il coupable
envers vous & envers votre
ſexe? Eſt-ce un crime d'excuſer les emportemens des A-
mans. Il faut que je vous faſſe
honte de votre contrarieté;
car elle eſt entierement contre
vos propres connoiſſances.
Vous devez vous ſouvenir
qu'il n'y a pas long-tems que
vous me racontiez l'avanture
de feu Madame de Beaujeu,
dont le Mari Officier de Ma-
rine a été honoré d'emplois
conſiderables. N'étant encore
que fille, ſes attraits lui attirerent un grand nombre d'A-
dorateurs. Elle donna la préference à celui qui l'ayant
trouvée dans un Bal avec un

de ses Rivaux, la frappa rudement d'un soufflet. Elle inferoit de là qu'un Homme fage tel qu'étoit cet Amant, ne pouvoit s'échapper, ni fe porter à une fi grande extremité, s'il ne l'aimoit ardemment. Leur accommodement fe fit. Il fut fuivi d'un heureux Mariage dont l'union a été parfaite jufques à la mort de cette Dame, qui vous a été parfaitement connuë.

Alcefte voïant que ce recit avoit fermé la bouche à Eleonor, il en fit un trés-humble remerciement à Oronte. Je vous ai une obligation infinie, lui dit-il, d'avoir defarmé fi à propos le plus re-

doutable de mes adverſaires.
L'exemple que vous avez raporté eſt une déciſion à laquelle toutes les Femmes du
monde ſe doivent arrêter. Ce
qui a été, ſera toujours ; & il
y aura éternellement des A-
mans à qui leurs emporte-
mens ſeront utiles & peut-être
aſſez heureux pour fixer la
conſtance, ou redreſſer l'infidelité de leurs Maîtreſſes.

J'ai oüi dire toute ma vie,
pourſuivit-il, que c'eſt dans
l'école des bêtes que nous de-
vons chercher des leçons &
des regles de conduite, parce
qu'elles ont conſervé les premieres notions que la nature
a données à tout ce qui reſ-

pire, & que je crois n'être autre chose que des illumina-
tions de l'intelligence supe-
rieure, qui les dirige dans
leurs operations, au lieu que
les Hommes les ont alterées
& confonduës avec leurs ima-
ginations & leurs fantaisies
qui sont presque toujours er-
ronées. Les livres sacrés & pro-
fanes nous envoyent chez les
bêtes, pour admirer & tâcher
d'imiter leurs talens & leurs
vertus. C'est d'elles en effet
que nous avons appris presque
tous les arts. Celui de bâtir,
de faire la guerre, de fortifier
des places, d'établir des Ma-
gasins, de nous précaution-
ner contre les maladies, con-

tre la famine, contre nos ennemis, contre les injures des
faiſons, & la fatigue des longs
voïages : En un mot, puiſque
c'eſt là où j'en veux venir, elles
nous ont enſeigné l'art d'aimer, & la maniere de la pratiquer avec ſuccès. Or il eſt
certain que nos curieux ont
remarqué que quand les animaux ſe ſont liés d'amour enſemble, ſi la femelle devient
volage ou infidele, l'offenſé a
des emportemens encore plus
grands que ceux que j'ai entrepris d'excuſer parmi nous.
Et il ne manque pas d'em-
ployer la griffe & la dent, ou
le bec ou la ſerre, pour punir
ſon infidelité, & la ramener à
ſa premiere ardeur.

Si je ne craignois pas, interrompit Memnon , d'être
accusé d'entrer dans le parti
d'Alceste, contre lequel je me
suis déclaré au commence-
ment de notre conversation ,
ou que vous ne fussiez pas ras-
sassiez d'histoires , comme
vous le devez être , j'en ra-
conterois une toute agreable,
& qui appuye merveilleuse-
ment les curieuses observa-
tions dont on vient de vous
parler ; elle vous surprendra
par sa singularité : vous dou-
terez même si elle est vraïe ;
& il n'y a toutes fois rien de
plus certain.

Nous vous supplions, dit
Oronte , de nous en faire

part, vous n'avez rien à appre-
hender de nos jugemens, ni
de notre laſſitude : le degoût
ne nous a pas encore pris,
& nous vous entendrons avec
plaiſir : auſſi bien le ſouper
n'eſt pas encore prêt, & vous
ſçavez qu'Eraſte nous a me-
nacé de nous faire paſſer à
table la moitié de la nuit.

Cette hiſtoire, reprit Memnon, m'a été racontée par M.
Scalon, Officier Irlandois,
qui eſt actuellement aux In-
valides. Ce M. Scalon étoit
intime ami de celui à qui elle
eſt arrivée, qui la lui a con-
firmée comme très-véritable.
je n'y ajoûterai rien du mien
très-certainement.

•Il y a en Irlande comme en France, continua-t'il, un grand nombre de Gentils-hommes trés-pauvres. C'est un bisare assortiment que la pauvreté de la Noblesse. Un Gentilhomme Irlandois, bon catholique, reduit à une extrême indigence, étoit souvent à charge à ses amis & à ses voisins. Plusieurs bonnes qualitez le rendoient recommandable. Son bon esprit & sa sage conduite engageoient les uns & les autres à lui donner retraite tour à tour, car il n'avoit ni feu ni lieu ; on le soulageoit autant qu'on le pouvoit. Il vivoit ainsi du fonds & sur les ressources de

la providence. Mais quand
la fortune se dechaîne contre
quelqu'un pour le rendre malheureux , ce n'est jamais à
demi. A cette pauvreté se joi-
gnirent de terribles maladies,
d'autant plus cruelles, qu'elles
ne terminoient point sa vie,
& qu'il étoit dans un état à
traîner long-tems sa misere.
Un mouvement de pieté ou
peut-être l'ennuy de la vie,
& le dessein de délivrer ses
amis de l'embarras qu'il leur
causoit, le déterminerent à se
faire transporter dans une ancienne Chapelle autrefois fa-
meuse par la devotion des
peuples qui y honoroient S.
Michel. Elle est située dans

une Isle deserte, qui est sé-
parée de la terre par un petit
bras de mer, dont le trajet se
fait facilement avec des bar-
ques dans l'espace d'une demie heure. Ce n'est propre-
ment qu'un grand Rocher
élevé prés du sommet duquel
est la Chapelle. Un peu au
dessous de la porte de la Chapelle, est une source d'eau
douce, qui sortant d'une fen-
te du rocher, y forme un petit
bassin, d'où son eau claire &
vive roule & se precipite dans
la mer.

Cet infortuné Gentihom-
me transferé dans cet espece
d'Hermitage fut pourvû d'un
mechant petit lit, d'une chaise

se & de vivres pour trois ou quatre jours ; avec ces tristes précautions, on le laissa seul abandonné à son destin.

Je suis assûré que son état vous touche ; ce n'est pas là neanmoins ce qui fait le sujet de notre histoire : sa maladie fut longüe. On alloit lui porter des vivres tous les trois ou quatre jours, sans autre secours que celui là, sans Medecins, & sans remedes ; il recouvra peu à peu sa santé par les seules forces de la nature & par la vigueur de l'age.

Quand il fut en état de se traîner sur la porte, il y alloit pour prendre l'air & pour joüir d'une des plus belles

vûës qui foit au monde. Il
aperçut un jour fur la hauteur
affez prés de lui une aire d'Aigle. La femelle y couvoit fes
œufs : le mâle en partoit de
grand matin & ne revenoit
que le foir chargé de proie
dont il nourriffoit abondamment fa compagne. Notre
Convalefcent admiroit l'u-
nion de ces animaux, & les
foins tendres & prévoïans que
le mâle prend de fa femelle
dans ces occafions. Ceci, di-
foit-il, condamne la dureté
d'un grand nombre de Maris
qui n'ont aucun fentiment
naturel pour leurs femmes.
     Là obfervant chaque jour
ce qui fe paffoit, il aperçut

un Milan élevé jusqu'aux
nües, qui aprés avoir fait divers vols à droit & à gauche,
vint paisiblement s'abattre
sur l'aire. L'Aigle femelle ne
s'en émût point : il y passa la
journée ; vers le soir il en sortit, & bientôt on le perdit de
vûë. L'Aigle femelle sortit de
l'aire en même tems que lui,
& aprés avoir voltigé quelque
tems, elle vint tomber sur le
petit bassin de la fontaine. Elle
y plongea la tête à diverses
reprises, élevant l'eau pour la
faire couler sur ses aîles & sur
son dos. Après s'être ainsi
trempée, lavée & secoüée plusieurs fois : elle s'éleva & vol-
tigea quelques momens com-

me pour se sécher à l'air, &
se rabattit doucement sur ses
œufs. Le Milan ne manquoit
pas tous les matins de venir
dans l'aire peu après que l'Aigle mâle en étoit parti, &
n'en sortoit que le soir un peu
avant son retour. (Car les
heures du départ & du retour
de l'Aigle mâle étoient toujours fixes.) L'Aigle femelle
continuoit aussi à venir se laver dans la fontaine aussi-tôt
que le Milan l'avoit quittée.

Il y avoit au dessus de la
fontaine une pierre assez large
& polie ; notre Gentilhomme
la traîna sur le petit bassin qui
en fut entierement bouché.
Il vouloit éprouver si l'Aigle

auroit assez de force pour la remüer, & pour l'ôter. Elle y vint le soir à son ordinaire, & fit des efforts étonnants pour la déranger: mais n'ayant pû en venir à bout, elle fut obligée de s'en retourner sans se laver.

L'Aigle mâle arrive cependant chargé de proïe. Il la remet selon sa coûtume à sa femelle: mais un moment après il s'élance sur elle; il la frappe à coups de bec & de serre, & la plume cruellement: elle s'éleve en l'air: le mâle la poursuit, il l'attaque, elle se défend: le combat dure jusqu'à la nuit qui les force l'un & l'autre à rentrer dans leur gîte.

Le lendemain l'Aigle mâle
part plus matin qu'à l'ordinaire, il s'éleve fort haut,
s'éloigne & disparoît. Il revient sur le midi tenant dans
ses serres la tête du Milan.
Il la jette à sa femelle : & comme s'il eut voulu joüir du dé-
sordre de cette infidele & du
fruit de sa vengeance, il l'ob-
serve quelque tems : aprés
quoi il prend son vol, & ne
parut jamais depuis. Le Gentilhomme compris alors qu'il
étoit l'autheur de ce divorce
pour avoir bouché le bassin
d'eau vive si utile aux purifi-
cations de l'Aigle femelle;
elle ne quittoit point ses œufs;
elle n'avoit rien pour se re-

paître; il se crut obligé de lui faire part de ses vivres; elle en subsista & éleva ses aiglons.

Que dites-vous, Messieurs & Mesdames de cette avanture? Vous voyez que parmi les bêtes, il y a des femelles qui connoissent leurs obligations, qui prennent des précautions pour cacher leurs fautes: qu'il y a des Galans hardis, des Maris jaloux & vindicatifs, qui s'éclipsent aprés leur vengeance, parce que leur presence ne peutêtre qu'odieuse, leur emportement étant un pur effet d'une autorité tirannique; au lieu que celui des Amans part d'un excés d'amour, qui a la vertu d'en rallumer les feux éteints.

Cet exemple m'a fait faire de nouvelles reflexions sur la nature des bêtes. Je me suis toujours défié des prétenduës démonstrations de nos nouveaux Philosophes, qui nous les font passer pour des pures machines terrestres compofées de ressorts comme nos montres & nos horloges. L'esprit humain ne peut pas demêler une infinité de choses qui composent l'homme & qui lui sont plus proches & plus intimes : comment voulons-nous penetrer les sujets qui nous sont étrangers & beaucoup plus impenetrables ? disons plûtôt

plûtôt que comme nos habiles
ouvriers cachent autant qu'ils
peuvent le secret de leur art;
ainsi l'Autheur de la nature
s'est reservé une infinité de se-
crets dans ses ouvrages qu'il
n'est pas permis à l'esprit humain de penetrer. les principales qualitez des bêtes ont été
envelopées par les anciens Philosophes, sous le nom d'instinct. Pour moi je ne sçaurois
me persuader que la seule
matiere grossiere soit capable de toutes les passions que
nous temarquons dans les bêtes, d'amitié, de haine, de
reflexions, de jalousiie, de
prévoïance, de memoire, de
vengeance, &c. C'est ce qui

T

me fait penser que l'Autheur
de la nature a subtilisé cette
matiere dont les bétes font
composées, & qu'il lui a donné des qualitez singulieres
qui font hors de notre intelligence. Vous avez là, Meffieurs & Mefdames, un fujet
propre à exercer votre efprit
& vos reflexions.

Il exerça en effet nos rai-
fonnemens pendant quelque
tems. Chacun y entra pour
quelque chofe & fur tout l'aimable Agarithe, qui contre
fa coûtume avoit gardé un
profond filence durant tous
nos dialogues. Elle nous dit
les plus jolies chofes du monde & les plus fpirituelles fur

la querelle des Aigles, & la cataſtrophe du Milan. Sa taciturnité extraordinaire nous paroiſſoit de mauvaiſe augure pour Alceſte ; & nous apprehendions qu'elle ne lui donnât enfin quelque égratignure pour venger le tort que ſon opinion fait à ſon ſexe, dont elle ſoûtient dignement l'excellence par ſon merite & par ſes ſentimens, & encore plus par ſa conduite. Elle n'avoit cependant aucune envie de l'attaquer, & quoiqu'elle eut pris parti interieurement ſur le ſujet de notre conteſtation, elle ne ſe feroit pas declarée, ſi Alceſte lui même ne l'eut obligée de

T ij

parler en lui difant ces paroles:
Les coups de bâtons vous ont
fans doute fait peur, Madame, & c'eft ce qui vous a empêché de vous mêler dans notre difpute, & ce qui peut-
être aufli vous l'a fait entendre avec peine, pour ne
pas dire avec indignation.

Je·l'ai écoutée repondit-
elle, avec toute l'attention
qu'elle meritoit, & pour vous
en convaincre, je vous dirai
que pour ne pas aimer les
coups de bâton, je n'ai pas
laiflé de trouver votre dialogue trés-fpirituel, & toutes
les hiftoires qui font pour ou
contre , bien racontées : &
comme il y a plus de fcience

à soûtenir une mauvaise cause qu'une bonne, vous vous êtes surpassé selon moi à prouver les raisons de la vôtre. Je crois même les cas particuliers, où les coups peuvent être neces- saires : mais je crois aussi que pour les meriter, il faut avoir permis à un Amant les faveurs qui font dependre d'eux, & qui nous les font craindre. Car pour des sentimens même les plus tendres, ils ne font pas en droit de nous maîtriser, & quand la Maîtresse seroit volage, ils n'ont que la liberté de changer, ou s'ils font con- stans, celle de se plaindre. C'est ce qui les fait coucher à inquietude, jalousie & desefpoir, jusqu'à ce que la raison leur ait fait ouvrir les yeux : & c'est là que doit finir leur roman. Je conviens que sur ce principe , l'Aigle avoit grande raison de battre sa femelle : elle couvoit ses petits, & étoit engagée à la fidelité. Des femmes sous de pareilles loix doivent subir même peine, quand on juge le remede souverain. Mais pour une Maîtresse qui n'a donné que l'esperance sans rien mettre du sien, elle doit conserver assez d'empire pour n'être pas exposée à de pareils traitemens, elle doit même être regardée en souveraine , & je m'imagine que le nom de

Maîtreſſe tire ſon origine de
ſon pouvoir : puiſque pour
celles qui s'engagent diffe-
remment, il eſt d'autres noms
que vous ſçavés mieux que
moi en latin & en françois.

L'avanture du Gentilhom-
me Irlandois, continua Agarithe, en adreſſant la parole
à Memnon, eſt des plus particulieres : & vous y avés donné un luſtre qui en augmente
le merite, & attendrit tous les
cœurs en ſa faveur. Je le plai-
gnois infiniment ſur le ſom-
met de ce rocher, où je craignois que ſi les Anges l'aban-
donnoient, il ne devint la
proïe de quelque monſtre ma-
rin comme Andromede. Mais

T iiij

je vois comme vous , que la
Providence a de grandes ref-
fources, puifqu'elle le met en
état de trouver des plaifirs
dans un lieu fi folitaire , &
même de découvrir des effets
particuliers dans les animaux,
aufquels vous donnerés le
nom d'inftinct ou de raifon,
comme il vous plaira , pourvû que vous ne la confondiés
pas avec celle des hommes,
qui en ont une plus folide, &
dont les effets quoique femblables font bien au deffus,
puifqu'elle les porte par rai-
fonnement à une connoiffan-
ce plus parfaite ; à inventer
tous les jours les chofes qui
leur font les plus utiles ; &

même, à porter cela si loin,
que sans la matiere qui les environne, & qui resserre leur
esprit, on les prendroit pour
des Dieux. Cela me fait com-
prendre qu'ils en sont émanés,
& que lorsqu'ils seront réunis
à leur tout, ils seront bien
grands : au lieu que dans les
bêtes vous voïez toutes leurs
connoissances bornées, &
même chacune attachée à son
espece : celles qui chassent,
ne chassent que ce que leurs
peres ont chassé. La Ruche
n'est pas differente de la premiere qui a été faite. La Four-
miliere de même : & leurs in-
stincts comme leurs talens se
succedent. Aprés cela Descar-

tes en fera des machines s'il
veut. Je laisse à vos reflexions
à décider cette question ; pour
moi les miennes me font
craindre d'avoir trop de te
merité , d'entreprendre de
vous parler sur de pareilles
matieres ; je ne l'ai fait que
par contrainte & pour justifier mon attention,

Agarithe s'expliqua avec
tant de graces & d'un air si libre
& si gai que nous en fûmes
tous également charmés. Eraste lui dit, vous avez, Madame , parfaitement établi le
droit de nos Maîtresses : il seroit à souhaiter que personne
ne s'avisat de le violer ; mais
c'est le sort des loix les plus

juſtes, d'être en butte aux in-
fractions. Alceſte & Oronte
ont allegué des faits ſi averés,
qu'on ne les peut conteſter
ſans opiniâtreté. Mais afin
qu'ils ne tiraſſent pas à con-
ſequence, & qu'il n'y eut pas
des gens aſſez hardis pour les
imiter, ſi la fortune m'avoit
placé ſur un thrône, j'ordon-
nerois de pleine puiſſance que
la memoire en fut ſupprimée
à jamais dans toute l'étenduë
de mes états, ſous peine d'un
exil perpetuel pour les con-
trevenans. Et ſi.....

Il y a tant de plaiſir d'être
avec ces Dames, interrompit
Alceſte, que pour éviter mon
éloignement, je ferois vœu

dés aujourd'hui d'oublier l'histoire de la M. de B... & de
n'en parler de ma vie, non
plus que de toutes les autres
qui y ont rapport. Mais quoique ma conduite ait assez fait
connoître à mes amis l'oppo-
sition que j'ai à embrasser ces
manieres extraordinaires que
j'ai tâché d'excuser : vous me
permettrés, Erafte, de vous
dire que votre ordonnance
ne rendroit pas les Amans
plus raisonnables. L'amour
n'écoute ni les Princes, ni la
raison : il se met au dessus de
tout. Ainsi il y aura toujours
des Amans emportés qui cher-
cheront dans leurs emportemens les avantages que leurs

prédecesseurs y ont trouvés.
Les querelles & les demêlés
des Amans servent à rallumer
leurs flâmes & leurs desirs,
& à donner une pointe à leurs
plaisirs affadis : Pourquoi les
emportemens & les coups
qui en font les suites naturel-
les ne produiront-ils pas le
même effet ? Conclués donc
qu'il y aura de tems en tems
des Maîtresses battuës & qui
en deviendront plus traitables
& plus amoureuses.

Si les femmes font expo-
sées à ces incoveniens, il n'est
pas à propos qu'elles aiment,
dit Belise. Pour moi, ajoûta
Eleonor, je renonce de tout
mon cœur à l'amour, & au

defir d'avoir des Amans: mais en recompenfe je vas m'appliquer à me faire des amis; & j'en veux avoir un fi grand nombre que j'en pourrai changer tous les jours.

Votre deffein m'effraïe, reprit Alcefte, penfez-vous, Madame qu'il y ait plus d'honneur & de fûreté à changer d'amis que d'Amans. Non, non, Madame, il y a pareil hazard de honte & de punition: un ami abandonné pour un autre, fent cet affront auffi vivement qu'un Amant trahi. L'amitié a fes jaloufies & fes emportemens comme l'amour; & fi elle n'en vient pas à la violence & aux coups

de canne , elle fait donner
des coups de langue , qui ne
font pas moins dangereux , &
qui malheureufement ne pro-
produifent jamait aucun fruit.
Car il y a cette difference dans
les emportemens des amis &
des Amans meprifez , que
ceux-ci reveillent quelquefois
l'amour, & lui font prendre
de nouvelles racines, au lieu
que ceux-là effacent jufqu'aux
dernieres traces de l'amitié &
rendent les amis irreconcilia-
bles. Renoncés, Madame, à
votre deffein : il me paroît
fcandaleux , & je vous par-
donnerois plûtôt d'être coquette en amour qu'en amitié;
car votre inconftance pour-

roit trouver son excuse dans cette passion. L'amour est un éclair qui brille & qui éblouit; rien de plus leger. Les murs de son palais sont pétris de soulphre & de salpêtre ; rien de plus combustible. Il n'a de relation qu'avec nos sens; rien de plus inconstant. L'amitié au contraire se forme insensiblement comme une douce exhalaison, qui se montre & s'éleve peu à peu. Elle habite un climat temperé où la raison & le jugement reglent tout le commerce. Comme elle a des correspondances avec eux, ils lui communiquent leur calme & leur solidité : ce qui fait que les changemens

gemens y font rares·& ceux qui les aiment trés odieux.

Si Memnon vouloit, ajoûta Alcefte , il appuyeroit merveilleufement bien ce fentiment. Il n'y a pas trois jours qu'il a occupé fa mufe pour un honnête homme qui ne pouvoit fouffrir dans une fille fçavante cette facilité de changer d'amis. Les vers qu'il a compofés fur ce fujet m'ont paru jolis & très-propres à convertir une coquette d'amitié, ou qui le veut devenir ; car pour celles qui font confirmées dans l'habitude de changer, il faut un fecours plus efficace , & je ne fçai même fi toutes les graces du Parnaffe

V

pourroient ébaucher leur con-
version. Eraste pria Memnon
de nous lire ces vers : Il nous
les lût, & sa lecture n'étoit
pas encore finie qu'on nous
avertit que le souper étoit prêt
& qu'on alloit servir.

Sur une amitié volage.

STANCES.

Quoi ? vous pensez Silvanire
Que tout vous sera permis,
Sans que l'on trouve à rédire
Que vous changiez tant d'amis ?

L'amitié sainte & discrette
Fille de bien & d'honneur,
N'eut jamais d'une coquette
Ni les façons ni l'humeur.

Elle est tendre, elle est sincere,
Elle est fixe au dernier point.

Etre inconſtante & legere,
C'eſt ce qu'elle ne ſçait point.

Les mains de la deſtinée
En ſerrent le nœud charmant :
Qui lui plaît une journée
Lui plaît éternellement.

Puis-je en ſûreté repandre
Mon ame dans votre cœur,
Lorſque je vois que Silvandre
Reçoit la même faveur ?

D'ailleurs ſur quoi qu'on ſe fonde
Pour faire un nouveau lien :
S'attacher à tant de monde
C'eſt ne s'attacher à rien.

Tout partage ſcandaliſe
Sur les faits de l'amitié,
Et quiconque la diviſe,
L'affoiblit de la moitié.

Plaignés ma delicateſſe,
Et ne la condamnés pas :
Car ſi c'eſt une foibleſſe,
Elle n'eſt pas ſans appas.

Une ame sans jalousie
M'est suspecte de tiedeur :
Et plus elle en est saisie,
Plus elle marque d'ardeur.

A votre gloire sans doute
Doit s'expliquer mon tourment :
Qui voudroit vous avoir toute
Vous aime certainement.

Abjurés donc ces nuances,
D'un penchant mal affermi :
Faites mille connoissances,
Mais ne faites qu'un ami.

Après avoir payé le tribut de loüanges que l'on doit aux Autheurs quand leurs ouvrages nous plaisent : nous quittâmes le jardin pour retourner à la maison; en faisant ce trajet, il se dit mille jolies choses qui avoient toutes quelque rapport à la converfation que nous venions de terminer. Alcefte s'approcha d'Erafte, & lui dit à l'oreille, je me fens beaucoup d'appetit : mais fi vous ne me repondés de l'incorruptilité dé votre Cuifinier , je vas faire le malade & je ne fouperai qu'avec des œufs frais. J'ai tout lieu de craindre que quelqu'une de ces Dames ne le gagne par argent , & que deux ou trois grains d'arfenic ne les venge del'injure qu'elles prétendent que j'ai fait à leur fexe : elles me regardent comme un heretique qu'il faut exterminer, de peur que le venin de fes erreurs n'infectent les autres. Je vous les

garantis Homme de bien, repartit Erafte , vous pouvez
manger fans crainte de tout
ce qui vous fera fervi. Je fou-
haiterois bien continua-t'il,
que notre ami Philereme fut
venu ici courre les mêmes
dangers que vous : nos entretiens l'auroient réjoüi , & il
eût teuu fa partie dans notre
concert. Mais puifque fon ab-
fence eft fans remede, & que
nous ne fommes pas affez
grands Magiciens vous & moi
pour le faire transferer ici par
nos enchantemens ; je vous
fupplie de prendre la peine
de lui faire une relation exacte
de nos conteftations ; & fur-
tout n'oubliez pas l'hiftoire de

l'Aigle , car c'eſt ce qui lui
plaira le plus. Il ſe pique de
connoître mieux qu'un autre
l'œconomie des oyſeaux, leurs
proprietez , leurs talens, la
ſignification de leur chant,
celle de leurs differens vols,
& tous les prognoſtics qu'on
en doit tirer. Ses regiſtres ſont
pleins des obſervations & des
experiences qu'il en a faites.
Et il eſt ſi entendu ſur tout ce
qui les regarde , que s'il avoit
vêcu du tems des Romains &
ſous leur Empire, on lui eut
ſans doute deferé la dignité
de Surintendant des augures.

Je ſerois ravi, repliqua Alceſte, que Philireme fut inſ-
truit de nos amuſemens , &

particulierement du fait singulier qui a été remarqué en
Irlande. Mais pour l'en informer il faut une autre plume
que la mienne. Je ne sçai é-
crire qu'en prose, & il ne l'aime pas : les meilleures pieces
d'eloquence qui sortent de
l'Académie, lui paroissent fa-
des & insipides. Il est toujours
guiné sur le sommet du Parnasse, & son goût est tout pour
les vers. Memnon a une grande facilité d'en faire, quoiqu'il ne mette point enseigne
de Poëte ; c'est lui qu'il faut
mettre en besogne.

Memnon est le plus com-
plaisant de tous les hommes.
Il accepta à la priere d'Eraste

la

la commiſſion de rimer l'a-
vanture de l'Aigle & celle de
l'Obſervateur : mais avec cette clauſe, qu'on ne lui impu-
teroit point la longueur de ſon
ouvrage ; parce qu'il n'avoit
pas le tems de le ſerrer & de
le faire court ; ſa réſolution
étant fixe de ne rien derober
à ſes plaiſirs pendant tout le
ſejour que nous ferions chez
Eraſte.

Notre ſouper eut tous les
agremens qu'on peut imaginer : les mets les plus delicats,
& les vins les plus exquis y
furent ſervis ; & l'abondance
& la propreté y regnerent également. Quand notre appetit
fut un peu émouſſé & lorſ-

qu'on se préparoit à lever le premier service, Alte là, dit Alceste, qu'on ne bouge point. Souvenés-vous, Eraste, que vous avez traité de comedie à l'arrivée d'Oronte, le dialogue que nous avons fait aprés le dîner. Il faut que le repas en soit une aussi, & afin de lui donner quelque forme, & que ce titre ne soit pas usurpé sans quelque fondement, je suis d'avis que nous mettions des intervalles entre les services : & ainsi chaque pause que nous ferons sera un espece d'entr'acte, où faute de symphonie & de danseurs, on travaillera à le remplir par des chansons & par des contes

chacun selon son humeur &
sa fantasie. Il y aura juste-
ment cinq entr'actes dans la
piece entiere; car j'ai fait un
tour à la cuisine, avant de me
mettre à table, & je sçai tout
ce qu'on doit nous apporter
& dans quel ordre.

Il y a des jours consacrés
à la joïe, où les moindres
choses servent à la faire naître & à la faire durer. Nous
étions dans cette assiette &
tous trés-disposez à recevoir
agreablement tout ce qui pouvoit nous donner quelque
plaisir. Que nos Moralistes
disent tant qu'il leur plaira,
que les passions sont les maladies de l'ame: pour moi, je

les definis autrement. Je crois qu'elles en ſont des reſſorts ; mais des reſſorts ſi eſſentiels & ſi neceſſaires, que ſans eux elle demeureroit immobile, & dans une entiere inaction à notre égard. L'impreſſion des objets ſenſibles, eſt comme la main qui touche, & fait aller ſes reſſorts.

Il ne ſe dit & ne ſe fit rien pendant le ſouper qui ne contribuât à faire joüer le reſſort de la joye, & à remuer celui de l'amour. Nos cœurs & nos eſprits étoient portez & ſi determinés à l'un & à l'autre, qu'il n'auroit pas été poſſible de les tourner à autre choſe. On ne parla que d'amour, &

l'on ne chanta que des airs tendres, qui n'avoient pourtant rien qui infpirât de la langueur. S'il y a quelques traits fins & délicats dans le recueil des fentimens d'amour, dans les maximes galantes, dans l'heure du Berger, & dans mille autres pieces de ce caractere, qui ont parû dans notre tems avec beaucoup d'éclat & de réputation, ils entrerent dans nos difcours, on en fit des applications trés-juftes, & on les releva par des glofes & des commentaires plus piquans, & donnoient au texte un relief qui avoit bien fon mérite. Je ne vous fçaurois dire, jufqu'où nos saillies & nos réflexions furent poussées. L'émulation à dire des choses neuves, & qui pour ainsi dire, venoient d'être créées, fit que toute notre Troupe se surpassa & qu'il n'y eut jamais de repas si agréable & si animé.

Sur les fins de notre Comedie, & lorsqu'on étoit au dernier Acte, Eraste declara aux Dames la Commission que Memnon avoit acceptée de mettre l'histoire de l'Aigle en vers pour l'envoyer à Phileréme. J'ai oüi parler de Phileréme, dit Eleonor, & s'il m'en souvient, on me l'a dépeint comme un homme d'un caractere tout particulier;

aime, vous vous la conferve-
rés par cet exterieur affecté.
Il lui faut laiffer ignorer à elle-
même la caufe de ce changement : car fi vous la mettés
de concert avec vous, il lui
échapera quelque mot qui
découvrira vôtre myftere, &
tout fera perdu. Vous devés
connoître le caractere des
femmes, & la démangeaifon
qu'elles ont de parler. Cependant il y va plus de fon interêt que du vôtre, que votre famille foit perfuadée que vous
êtes entierement défait de
cette paffion. Il fuivit le confeil de fon ami avec tant d'a-
dreffe & d'exactitude que fes
parens y furent trompés. Ils ne

regardérent plus son entêtement que comme un amuse-
ment passager d'une jeunesse
volage. Nanette elle-même
fut la duppe d'une politique
qui étoit toute en sa faveur.
Elle se crut abandonnée ; le
desespoir la prit, & il lui vint
quelque envie de s'empoisonner pour finir un mal qu'elle
ne pouvoit supporter. Philereme, pour mieux cacher son
jeu, contrarioit quelquefois
Nanette, & il faisoit aussi les
doux yeux à une Dame du voi-
sinage qui venoit souvent chez
sa grande mere.

Un jour que la maîtresse de
Nanette lui avoit commandé
de faire une quantité de syrop

de framboise, Phileréme entra dans la chambre où elle travailloit : il vit un nombre de phioles fur la table, deftinées à renfermer ce fyrop, il dit à Nanette d'en mettre à l'écart une demi douzaine, parce qu'il en vouloit faire prefent à la belle voifine, dont il feignoit d'être amoureux. L'ordre ou la priere de Phileréme, mit cette fille dans une fureur extrême, & dans le defordre de fon efprit elle le prit aux cheveux & lui dit : traître que tu es, les douceurs que tu m'as dites font la caufe de mes peines : celles que je fais ici feront la caufe de ta mort ; & tu périras comme le Prince qui fut noyé dans un tonneau de malvoisie : elle emploïa toutes ses forces pour lui plonger la tête dans la casserole où étoit le syrop tout boüillant. Phileréme se debarassa de ses mains aux dépens de deux poignées de cheveux qui y restérent. Nanette après cet effort inutile, tomba évanoüie, & parut sans respiration. Philéréme courut à son secours, & l'aïant fait revenir de son évanoüissement, avec de l'eau de la Reine d'Hongrie, il l'embrassa & la desabusa de ses preventions de la maniere du monde la plus tendre ; elle ne lui répondit que par ses larmes.

Phileréme m'a avoüé de-

puis, que quelque grand que
fût son amour pour Nanette,
son emportement l'avoit aug-
menté à l'infini. Il ne vit plus
que pour elle : elle est tout
son charme, & il ne compte
pour rien les plaisirs hors
celui de la voir & de l'aimer.
Il attend la mort de sa grande
mere pour se l'attacher par les
nœuds du Sacrement, c'est
là l'unique objet de ses vœux.
Son amour l'a rendu grand
Poëte, il est sans cesse occupé à composer des Vers à la
gloire & à la loüange de sa
Nanette, & de leurs tendres
ardeurs; aujourd'hui c'est une
Eglogue, demain une Idille,
tantôt un Rondeau, tantôt un

Madrigal : Il fait auſſi des experiences ſur les Plantes & ſur les Animaux. Ceux qui ne ſçavent pas avec quelle attache il y eſt appliqué le regardent comme un loup-garou. Mais laiſſons les penſer & dire ce qu'ils voudront, Phileréme eſt un fort galant homme qui a l'eſprit bon & le cœur encore meilleur.

Hé bien ! s'écria Alceſte, vous avés tous entendu ce qu'Eraſte vient de raconter. Voilà ma maxime mieux établie que je ne l'aurois jamais eſperé. Je croïois qu'un Amant battu n'en devenoit pas plus amoureux ; mais je comprends maintenant que les coups &

les

les emportemens font également utiles à l'un & à l'autre fexe. Battés donc bien vos Maîtreffes, Meffieurs, quand elles feront volages ou indociles, frottés bien vos Amans, Mefdames, quand ils manqueront de conftance ou de fidelité; de là dépend fouvent tout le bonheur & toute la perfeverance du veritable amour.

Cette faillie d'Alcelle, fit rire toute la Compagnie, & perfonne ne la contredit. J'admirai moi-même le concert inopiné de fentimens, & charmé que nous en fuffions venus là, je m'écriai à mon tour: En verité il me femble

Y

que je me trouve aujourd'hui dans une de ces assemblées respectables, où aprés qu'on a disputé & contesté long-tems avec chaleur sur des matieres épineuses & delicates, il vient un instant d'inspiration qui reünit tous les esprits à une même opinion; ensorte que d'un consentement unanime on forme une décision invariable qui est reçûë & respectée de tous les particuliers. Si vous m'en croyés, nous ferons quelque chose de semblable.

Après bien des disputes & des contestations, nous voilà tous d'accord; & je juge autant à l'air de ces Dames, que

par leur silence, qu'elle leur
paroît pratiquable & utile en
quelques occasions. Il ne nous
reste donc à present, qu'à faire
une loi stable pour la posterité. Digerons ensemble un
Arrêt par lequel il sera en-
joint à tous Amans & Maîtresses à venir, de la part de l'A-
mour Président de notre Cour
Souveraine de C . . . de faire
usage de cette maxime suivant
les conjonctures, & de ne jamais blâmer ni insulter ceux
qui s'en feront servis, à peine
d'être degradés & bannis à
perpetuité de l'empire amoureux.

Cette saillie ne fut pas moins
applaudie que celle d'Alceste ;

on approuva mon projet, &
parce qu'Alceste étoit plus
interessé qu'un autre à le soutenir & à le faire valoir, on le
supplia de prendre la peine de
dresser ce fameux ouvrage &
de le mettre en bonne forme :
il se chargea volontiers de ce
soin ; on lui apporta du papier
& des plumes, & après avoir
invoqué l'Amour, il fabriqua
un Arrêt qui fut lû & relû, &
que nous signâmes tous; parce
qu'il y avoit une clause qui
nous engageoit à le faire.

Firmion pour qui le païs
d'Amour étoit une terre étran-
gere, & qui pour cette raison
n'avoit pris aucune part à nos
contestations, quoiqu'il y fut

prefent, s'avifa de dire à Alcefte qu'il devoit ajouter aux
peines portées contre les im-
probateurs de fa maxime, une
amende applicable à l'Hôpital
des Amans. Ce dernier mot
nous fit faire attention ; mais
après y avoir penfé, on rejetta
l'avis de Firmion. 1°. Parce
que l'Amour ne fouffre point,
d'Hôpitaux dans fon Empire.
2°. Parce que les Amans ne fe
ruinent d'ordinaire qu'en foû-
pirs, dont ils font fort liberaux.
3o. Parce que les Amans aimés
fe croyent toûjours plus heureux que les Rois. Et en dernier lieu, parce que les Amans
duppes, qui s'épuifent en dé-
penfe pour des Maîtreffes qui

les trompent, ont des places
fondées pour eux dans l'Hôpital des foux, où ils sont nour-
ris & entretenus de remords
& de repentirs inutiles, qui
sont toutes viandes creuses &
mal assaisonnées.

ARREST

Du Conseil de l'Amour.

LE Conseil de l'Amour,
où a été invitée la Déesse
Venus sa mere; les Graces, les
Ris, les Jeux, & les autres Divinités de leur suite y étant
appellés extraordinairement,
& placés chacun suivant son
Rang.

VEU les contestations qui ont été formées depuis quelque temps entre les Amans & les Amantes, pour sçavoir s'il est jamais permis aux Amans de battre leurs Maîtresses, & aux Maîtresses de battre leurs Amans, surquoi il y a eu differens avis, les uns opposés aux autres ; chacun pretendant avoir des raisons suffisantes pour soutenir son opinion. Ce qui pourroit avoir de dangereuses consequences, s'il n'y étoit pourvû par l'autorité supréme qui nous appartient en ces matieres dont nous sommes. seuls Juges competens en dernier ressort suivant l'ordre du destin. Après avoir pris une

connoiſſance exacte du fait,
examiné les raiſons des Parties, & fait une revûë generale
des paſſions & des mouve-
mens que nous avons accoutumé d'imprimer dans le cœur
de ceux qui aiment; le tout
meurement conſideré & peſé
dans la balance de l'Amour.

Nous disons et statuons
ce qui ſuit; c'eſt-à-ſçavoir,
que les Amans & Amantes
de quelque qualité & condition qu'ils ſoient, ſeront tenus
de faire tous leurs efforts pour
ſe plaire, & pour éviter mu-
tuellement de ſe faire jamais
aucune peine, ſoit par caprice,
par degoût, ou infidelité, ce
que nous deffendons expreſſé-
ment

ment fous peine aux contre-
venans d'encourir notre indignation, & d'être punis un
jour des mêmes maux qu'ils
auront caufés aux autres. Que
s'il arrive aux Amans ou A-
mantes de tomber dans quelque foibleffe, nous exhortons
ceux & celles qui en feront of-
fenfés de profiter de l'exemple
du Dieu Vulcain, qui ayant
furpris la Déeffe notre mere,
avec le Dieu Mars, fe conten-
ta de les enveloper d'un grand
filet pour leur faire honte, fans
que jamais le Dieu Vulcain ait
donné de coups de bâton, ni
fait autre mauvais traitemens
à la Déeffe fon époufe pour de
pareilles fautes. Que fi toutes-

Z

fois après des preuves d'amour mutuelles, & un veritable engagement de cœur, l'une des parties se porte par son mauvais penchant, & une malice criminelle à vouloir changer & rompre le nœud sacré. Nous, outre les peines ci-dessus mentionnées, consentons que la Partie offensée en prenne vengeance par quelques legers châtimens, qui n'excederont point à l'égard des Amans sur leurs Maîtresses la valeur d'un coup de poing, de pied, ou de canne tout au plus : & à l'égard des Maîtresses sur leurs Amans, quelques gourmades, quelques, égratignures aux mains & au visa-

ge, & tout au plus quelque legere morfure. Deffendons aux
perfonnes indifferentes, &
qui n'ont point éprouvé l'a-
mour, de s'ingerer de condamner les actions dont les
motifs leur font inconnus,
nous refervant d'en porter le
jugement qu'il conviendra
dans notre Confeil, auquel
nous en refervons la connoif-
fance, laquelle nous interdi-
fons à tous autres Juges.

Et pour plus plus grande
folemnité & autorité de notre
prefent Arrêt, nous ordonnons que ceux & celles qui
ont contefté fur cette matiere
feront tenus de le figner avec
nous.

Z ij

Fait au Conseil de l'Amour, sa Divinité y étant, en presence de la Déesse sa mere, & autres Divinités.

Quoique nous nous fussions retirés fort tard, Alceste ne laissa pas de se lever du matin, il vint en robbe de chambre à l'appartement où Memnon, Eraste & moi étions couchés; il fit le lutin, il ouvrit toutes les fenêtres ; il tira les rideaux de nos lits, il enleva nos couvertures & les jetta sur le plancher ; enfin il nous tourmenta tant, que nous fûmes obligés de nous lever ; quoi, Messieurs, nous disoit-il, vous pretendés dormir, quand je ne dors pas? ignorés vous que

je suis le maître par tous les endroits où je me trouve, & qu'on
s'y doit conformer à tout ce
que je fais ? Regardés moi,
bien & vous verrés votre regle.

Vous pouriés, repartit Memnon, ajoûter encore à cela
qu'on se doit conformer à tout
ce que vous dites. Car sans re-
monter plus loin qu'hier, nous
fûmes tous obligés à nous
ranger à vos sentimens & à
vos maximes. Notre Arrêt en
est une preuve authentique :
mais puisque vous êtes la regle de tout, il faut que vous
souteniés aujourd'huy ce titre,
& ce sera en dressant un plan
de la maniere dont nous passe-
rons cette journée, pour la

rendre auſſi agreable que la precedénte : bien entendu que votre direction ne s'étendra que ſur les intervales de nos repas ; car pour ce qui eſt de la table, c'eſt à Eraſte à la faire ſervir comme il lui plaira ; il s'en eſt trop-bien acquitté juſ- qu'ici, pour qu'il nous prenne envie de vouloir changer de Directeur.

Alceſte promit de mediter là-deſſus, & que nous ſerions contens de ſes idées, & de la diſtribution qu'il feroit de no- tre temps.

L'arrivée inopinée d'un La- quais lui épargna la peine d'y ſonger, & mit tous ſes projets & tous nos plaiſirs en déroute.

Il aportoit à Belife une Lettre
de Madame fa mere, & de-
mandoit à lui parler. Memnon
qui s'intereffoit plus qu'un autre pour la fanté de cette Dame qui étoit affés chancelante,
dit à ce Laquais, après l'avoir
entendu, qu'il étoit trop ma-
lin pour éveiller Belife, &
qu'elle s'étoit couchée fort
tard. Le Laquais infifta fur les
ordres qu'il avoit de la faire
partir inceffamment. Mem-
non alors inquiet de fçavoir
ce que ce pouvoit être, le fuivit jufqu'à la porte de la chambre de Belife, & s'y arrêta pour
écouter. Le Laquais introduit,
& au moment que Belife eut
lû les premieres lignes de la

Z iiij

Lettre qu'elle avoit reçûë, elle
fit un cri. O Dieu, s'écria-t-el-
le, quel malheur ! Le Marquis
de N. est mort d'apoplexie.
J'ai perdu le meilleur de mes
amis, & l'appui de ma famille
un torrent de larmes suivit
cette exclamation. Memnon
laissa couler ce torrent quelque temps ; après quoi il entra
dans la chambre de Belise &
fut s'asseoir dans un fauteüil
auprès de son lit. Je viens,
Madame, lui dit-il, vous assurer que je prens une part très-
tendre à votre douleur ; je sçai
mieux que personne qu'elle
est très juste : mais pour cela,
elle ne doit être plus longue ;
songés qu'aux maux sans re-

mede, on ne peut trop-tôt prendre fon parti : Quoi qu'il foit vrai qu'on n'eſt pas le maître des premiers mouvemens, il eſt fûr neanmoins, quelque foible que foit la raiſon, qu'il eſt des conjectures où le bon fens ne nous permet pas de lui refuſer un peu d'authorité ; il en eſt des autres à la verité, où je ferois d'avis qu'on n'en écoutât point d'autre, que celle qui fçaît s'ajuſter à notre inclination, dont la liberté ne doit jamais s'aſſujettir à l'eſclavage d'une chymere. Ce n'eſt pas de même ici, où toute la prudence & la meilleure Philoſophie ne peuvent pas faire que nos amis, quand nous les perdons reviennent, pour nous tenir compte de notre senſibilité & de notre tendreſſe. Songés encore Madame, que votre ſanté, qui n'eſt pas parfaite, doit preſcrire des bornes à votre douleur. Ajoûtés y l'interêt que toute notre Compagnie & tant d'autres honnêtes gens y prennent, & ſi j'oſe vous dire, les très-humbles prieres que je vous fais de la menager un peu mieux.

En verité je penſe en ce moment des choſes qu'il n'eſt pas facile d'exprimer, à moins de convenir qu'une vraye douleur a ſes délicateſſes comme l'amour. Cette maxime eſt dangereuſe, & ſéduiſante :

auſſi je n'en fais aucune application ; & j'aime mieux vous
faire reſſouvenir, que vous
m'avés dit autrefois, que la
ſtoicité nous eſt neceſſaire en
bien des occaſions. Pour moi
je croi qu'il n'y a rien de plus
propre à nous la faire acque-
rir dans ſa perfection, que de
nous ſoumettre aux ordres de
la Providence qui nous ſont
marqués par les évenemens.
C'eſt elle qui fait les veritables
Stoïciens, puiſqu'elle nous
retient ou nous remet par notre ſoumiſſion dans cette aſſie-
te tranquile qui doit être tout
le but & tout le ſujet de l'étude des Philoſophes.

Pendant que Memnon par-

loit de la forte à Belife, elle
ne ceffoit de pleurer & de fan-
gloter : ce qui ne l'empêchoit
pas de luy donner quelque attention, parce qu'elle l'efti-
moit veritablement. Lorfqu'il
eut fini fon difcours, elle lui
dit : la perte que j'ai faite de
ce cher ami, Monfieur, eft fi
fenfible pour moi, qu'il ne
faut pas moins que l'interêt
que vous y prenés pour m'ai-
der à la foutenir. J'ai l'honneur de vous reffembler par les
écueils que je trouve par tout;
ma vie n'a été jufqu'ici qu'un
tiffu de malheur. Il eft vrai,
que je dois beaucoup à la Providence, & qu'elle eft d'une
grande reffource pour les mal-

heureux : il n'eſt point auſſi
de jour dans ma vie que je ne
m'y abandonne , & que je ne
compte ſur ſon ſecours ; ma
ſoûmiſſion à ſes ordres ſur la
perte de mon bien & de ma
ſanté ne m'a rien coûté, j'ai
regardé l'un & l'autre comme
des biens fragiles, ſur leſquels
je ne devois pas trop m'ap-
puyer ; mais je ne puis m'ac-
coûtumer à la perte des perſonnes qui me ſont cheres :
c'eſt ſelon moi le plus grand
des malheurs. Je conviens
avec vous que la Providence
nous apprend à devenir Philoſophes contre nos propres diſ-
poſitions, & à faire de la ne-
ceſſité preſente une vertu qui

nous étoit inconnuë, & que c'est le meilleur parti à prendre dans les choses où nous sommes le plus sensibles; mais je ne suis point encore assés parfaite pour meriter cette derniere grace de la Providence : le temps viendra où je serai moins penetrée de douleur : la bonté même que vous avés de partager la mienne, la soulage, & c'est de tout temps l'unique moyen de consoler ses amis, que celui de mêler nos soûpirs à leurs larmes.

J'aurois bien des choses à vous dire, continua-t-elle, sur ce que vous m'avés dit de la raison ; mais je ne m'en sens pas la force prefentement.

Quant au confeil que vous me donnés d'être un peu Stoï-cienne, puifque je l'ai cru autre fois fi neceffaire ; je vous dirai que je fuis cette doctrine fur ce qui regarde les maux du corps & de la fortune, qui, comme vous le fçavés, ne me font pas inconnus ; mais il n'eft pas en mon pouvoir de la fuivre fur rien de ce qui attaque mon cœur. Le temps feul a droit d'affoiblir ces fortes de peines ; car pour la raifon, plus on en a, felon moi, plus elle fert à les aug-menter. Comme je fuis née plus fenfible qu'une autre, je fens plus qu'un autre tous les biens & les maux où le cœur a part. Jugés par là, Monſieur, de ma reconnoiſſance pour le tendre interêt que vous prenés à tout ce qui me regarde. J'en dis autant pour Eraſte & pour toute ſa Compagnie, il faut que je la quitte inceſſamment, & cette ſeparation eſt un ſurcroit de douleur pour moi. Permettés moi de m'habiller, afin que je me diſpoſe à partir.

Memnon épuiſa toute ſon éloquence & tout ſon raiſonnement pour lui faire changer de reſolution : mais quoiqu'il pût lui dire, elle demeura fixe à ſuivre les ordres de ſa mere. Le fâcheux de cela pour nous fut que

que le départ de Belife entraî-
noit celui de quelques autres
Dames trés-picquantes qu'elle
nous avoit amenées, & qui ne
contribuoient pas peu à notre
joye. Memnon vint nous rendre compte de tout ce qui s'é-
toit paffé. Notre furprife fut
extrême. Erafte fe mit en devoir d'arrêter Belife, & de lui
perfuader que fon affliction
s'adouciroit avec nous, au lieu
que la prefence de fa mere qui
n'étoit pas moins touchée
qu'elle, ne ferviroit qu'à l'ai-
grir davantage. Il preffa Alcefte de le foutenir dans l'attaque qu'il lui alloit livrer, il
le fupplia même de travailler
de fon fonds à vaincre fon opi-

A a

niâtreté. Vous avés toûjours, lui dit-il, quelque raison singuliere à nous donner qui frappe plus que toutes celles dont nous pouvons nous servir, votre talent est d'éblouïr d'étourdir, & d'assommer, on ne peut vous resister.

Vous choisissés mal votre homme, repliqua Alceste, il n'en est point dans l'Univers qui soit moins propre que moi à consoler les affligés ; je ne suis point sensible pour les Morts ; & cet homme qui partit hier de ce monde, & cet autre qui n'y viendra que dans cent ans, font la même chose pour moi. Ma memoire n'est pas d'un caractere à fatiguer

mon efprit : je l'ai accoûtumé
à ne retenir que ce qui lui fait
plaifir. Je ne dirois tout au
plus à Belife que ce que vous
lui diries vous-même, & fi
elle ne fe rendoit pas à mes
perfuafions, je ne fçais fi je ne
la battroit pas pour lui faire
entendre raifon. C'eft-à-dire,
interrompit Memnon, que
votre maxime eft la medecine
univerfelle, & que vous croïés
qu'elle eft utile à tout, nous
vous difpenfons d'en faire
l'application fur Belife, elle a
affés de peine à fupporter les
coups de fa douleur, fans que
vous la chargiés encore de
ceux de votre canne. Bor-
nés votre maxime à l'amour :

la douleur n'eſt pas ſi folle, & il n'en faut pas attendre les mêmes effets.

Alceſte s'en tint à notre diſpenſe. Eraſte fut parler en vain. Les Dames partirent avec Beliſe, & l'air ſombre qu'elles nous laiſſerent, nous fit reſoudre à prendre le chemin de Fontainebleau, pour y chercher de nouveaux amuſemens, que la contrainte de la Cour rend toûjours moins agréables, que ceux que l'on trouve dans la liberté de la campagne.

AMOURS RE'ELS
& veritables d'un Aigle
· & d'un Milan.

EPITRE.

SI la Muse de la Fontaine,
Vouloit pour épurer ma veine,
Y faire entrer quelque fragment
De son tour, de son enjoûment :
Phileréme, je te le jure,
Je te rendrois avec usure,
Le beau, le singulier recit,
Que dans ce champêtre on me fit ;
Sur la foy d'un Seigneur d'Irlande,
Dont l'ame est genereuse & grande,
Et qui joint à sa qualité,
Une extrême sincerité,
Mais sans attendre du Parnasse,
Le don d'une pareille grace ;
Le dessein de te divertir,
Dont je ne puis me départir,
Peut seul faire ce qu'une Muse.

Avec justice me refuse.
Commençons donc notre narré
Sans chanter la , sol , fa , mi , ré.
Car depuis le temps de Virgile
(Des Poëtes le plus hábile
Et le seul qu'on doit imiter)
Faire un poëme c'est chanter.
Je chante d'une Aigle femelle ,
Le sort , & l'ardeur infidelle ,
De son pair le ressentiment ,
Et le trépas de son Amant.
  Dans un Canton de l'Hybernie
Où l'on naist avec le genie ,
De bien façonner un ergo ,
Mais où l'on n'est pas à gogo ;
Vivoit un pauvre Gentilhomme ,
Etat que de soy-même assomme
Par un assemblage odieux
De misere & de grands ayeux.
Il étoit doux , civil , honnête
Homme d'esprit , de cœur , de tête ,
D'un entretien solide , aisé ;
Et par là qui l'eut refusé ?
Malgré tout son rare merite ,
Oncques chés lui ne fut marmite ;
Il la falloit chercher ailleurs.
Ses amis , j'entends les meilleurs
Avoient toûjours pour agréable ,

Qu'il vint se refaire à leur table.
Il les visitoit tour à tour,
Et chacun luï donnoit son jour.
Je crois bien que cette methode,
Pour un Noble n'est pas commode :
Elle fut pourtant son soûtien,
Tout le temps qu'il se porta bien.
Mais comme les maux de la vie,
Ne vont gueres sans compagnie,
A son extrême pauvreté
S'unit un deffaut de santé.
Les fluxions, & les cathares,
Les coliques les plus barbares,
Les fievres & le flux de sang,
Vinrent chez lui prendre leur rang,
Sans compter d'autres maladies,
Plus cruelles que des furies,
Qui couvroient d'un affreux dehors
Le mauvais état de son corps.
On juge bien qu'en cette affiete,
A lui donner quelque retraite
On hesitoit plus d'un moment ;
Après un long raisonnement
Toutes choses bien avisées,
Les consequences bien pesées,
Pour faire une decision,
Telle fut la conclusion ;
Qu'il seroit transferé sans cesse,

A cheval, ou sur une ânesse,
Jusques au bord d'un bras de Mer,
D'où des gens experts à ramer,
A la faveur d'une barquette,
L'introduiroient dans une Islette;
(Petite Isle, si vous voulés,
Si c'est ainsi que vous parlés,
Car en matiere de langage
Il faut toûjours suivre l'usage)
C'est en cette Isle que l'on voit,
Un saint & solitaire toict,
Où les Habitans du rivage
A Saint Michel rendoient hommage.
L'édifice est fort élevé,
Les rochers en font le pavé;
L'aspect est le plus beau du monde;
On y goûte une paix profonde,
On respire un air pur & sain.
    C'est justement dans ce terrain,
Ou plûtôt dans cette Chapelle
Qu'a fondé un ami fidelle,
Et qui par le malheur des temps
Fut deserte plus de cent ans;
Que par conseil ou par boutade,
Se cantonna notre Malade.
Là seul, sans gardes & sans valets,
Sans drogues, sirops, ni juleps,
S'abandonnant à la nature,

Avec

Avec un peu de nourriture,
Dont ses amis tous les trois jours
Lui faisoient porter le secours,
Il reprit forces & courage.
Mais ne pouvant quitter sa cage
Sans une entiere guérison,
Qu'il attendoit de la saison,
Ayant un bâton pour escorte,
Il se traînoit hors de sa porte,
Pour respirer plus à loisir,
Et contempler avec plaisir
L'assiette de son domicile.
De cet heureux & saint azile
Les environs étoient charmans,
Il y trouvoit mille agrémens,
Là, la Mer s'offroit à sa vûë,
Tantôt calme, tantôt émeüe;
Là des boccages, & des prez,
Et là des rochers escarpés
Faisant une longue enfilade.
Ce qui ravit notre Malade,
C'est que tout prés du sacré mûr
Un cristal clair, liquide & pur
Venoit d'une source lointaine,
Par une route soûterraine
Remplir un rustique bassin,
Formé sans art & sans dessein.
Il advint dans ces entrefaites,
Que ses œillades inquiettes,

Apperçurent fur un rocher,
Dont le ciel fembloit s'approcher,
Un aire d'Aigle, dont l'Hiftoire
Eft affez difficile à croire,
C'eft pourtant une verité,
Et le fait eft bien attefté.
On n'a point vû dans la nature
De plus furprenante avanture.
Pour en ébaucher quelques traits
Qui puffent durer à jamais
Il me faudroit, je le confeffe,
Ton efprit, ta delicateffe,
Car avec mon foible talent,
Que puis-je écrire d'excellent?
Je connois mon infuffifance.
Cependant fans nulle affiftance,
Puifque l'ouvrage eft commencé
Jufqu'au bout il fera pouffé.
Retournons donc jufqu'à notre aire,
Car c'eft là le nœud de l'affaire,
Notre infirme contemplatif
A tout remarquer attentif,
Vit maintefois que l'Aigle mâle
D'une viteffe fans égale,
Sortoit les matins de fon nid :
Et quand Phœbus fe met au lit,
Il y rentroit chargé de proye,
Dont fa femelle avoit grand joye,
Dans l'aire elle paffoit le jour,

A couvert, & faire l'amour ;
Faire l'amour ! fauſſe nouvelle,
Mon rapport eſt pourtant fidelle,
Ou le Malade auroit menti :
Car dès que l'Aigle étoit parti
Pour aller à la picorée,
Un Milan à tête dorée
Fondoit d'un vol precipité,
Dans le nid qu'il avoit quitté.
On a ſans doute la penſée
Que dans ſon ardeur empreſſée,
D'autres ſoins n'étoit occupé
Que de glaner ſur leur ſoupé.
Point du tout. Le but de ſon zele,
Etoit de joindre la femelle,
De contenter ſes tendres feux
Et lui faire de nouveaux œufs.
Je le dirai ſans équivoque,
Leur amour étoit réciproque ;
Et leur commerce quoiqu'ancien,
Paroiſſoit aller aſſez bien.
L'Aigle mâle étoit fort habile :
Mais il n'eſt rien de ſi facile,
Chez les oyſeaux comme chez nous,
Que de tromper un pauvre époux.
Le Milan en fait d'amourettes
Eut donné des leçons parfaites :
Il paſſoit pour un vieux routier,
Sçachant tous les tours du métier.

De ſa part, l'Aigle ſa maîtreſſe
Ne lui cedoit pas en adreſſe ;
Elle ſçavoit cacher ſon jeu :
Mais je compte cela pour peu :
Toute femelle eſt hypocrite.
Et par ſon propre cœur inſtruite,
La plus ſimple arrive à ſes fins
Mieux que les mâles les plus fins.
Nos Amans dans leur avanture
N'oublioient aucune meſure.
Le Milan par preſſentiment
Ou peut-être avec jugement
A ſon rival quittoit la place,
Avant qu'il revint de la chaſſe,
Si tôt qu'il avoit pris congé
L'Aigle le voyant délogé
Abandonnoit auſſi ſon gîte,
Et d'un vol venoit au plus vîte
Fondre dans le petit baſſin,
S'y demênant comme un lutin,
Y plongeant la queüe & la tête
Comme une oye ou ſemblable bête,
De l'eau faiſant ſauter les flots
Sur ſes aîles & ſur ſon dos;
Après s'être purifiée,
Bien ſecoüée & bien ſechée,
Dans ſon aire elle retournoit,
Et tranquillement s'y tenoit,
En attendant la bonne chere

Qu'avec son pair elle alloit faire.
Ce manêge étoit singulier,
Tous les soirs notre Cavalier
Le voyoit faire à la même heure
Par un crêneau de sa demeure ;
Il trouvoit fort mysterieux
Le spectacle qu'avoient ses yeux ;
Mais bien-tôt une conjoncture
Expliqua cette énigme obscure,
Et sans trop exercer sa foy
Il en devina le pourquoy.
La friponne étant Philosophe
Comme celle de son étoffe ,
Noyoit dans l'eau certaine odeur
Qui pouvoit trahir son ardeur.
Car si l'on en croit Raimond Lulle ,
Par le flaire d'un corpuscule
L'Aigle sent sans être trompé
Le corps dont il est échapé ;
(Beau talent que n'ont pas les hommes ,
Sur tout dans le siécle où nous sommes
Qui nous fait un devoir étroit
De ne pas croire ce qu'on voit.)
Mais cette morale, ma Muse,
Me paroît un peu trop diffuse
Assés loin nous nous emportons ,
Revenons vîte à nos moutons.
L'Aigle trouvoit sa destinée ,
Et souhaitable & fortunée,

Toûjours son mâle à son retour
La combloit de biens & d'amour,
Sans se troubler, sans se confondre,
Elle y sçavoit si bien répondre
Qu'il demeuroit toûjours charmé
D'être si tendrement aimé.
Mais sur quelqu'appuy qu'on se fonde,
Le plus grand bonheur de ce monde
Est sujet à quelque revers,
Et passe comme les pois verds ;
Notre Malade par caprice
Ou pour se faire un exercice
Conçût le funeste dessein
De couvrir le petit bassin.
Pour l'executer une pierre
Devoit s'offrir sur cette terre ;
Il la découvrit assés près,
Elle paroissoit faite exprés
Par les mains de mere nature,
Pour fournir cette couverture.
Voilà donc le bassin bouché.
Qui se trouva bien empêché
Ce fut l'Aigle quand de son aire
Elle sortit à l'ordinaire
Pour baigner & laver son corps ;
En vain elle fit mille efforts
Pour écarter cette machine ;
Elle tint plus que poix resine ;
Si bien que le pauvre animal

Regagna son gîte fatal,
Sans avoir pû moüiller ses aîles
D'où lui vinrent peines mortelles.
Son mâle à peine est revenu
Qu'il sent qu'elle l'a fait COCU;
Aussi-tôt le bec & la serre,
Lui livrent une rude guerre;
Elle s'enfuit comme un éclair,
Il la suit au travers de l'air;
Et tant la pille & la tiraille,
Qu'elle eût peri dans la bataille
Si la nuit avec son rideau,
Ne l'eut arrachée au tombeau.
Lassez tous deux de cette attaque
Chacun dans l'aire se barraque
Sans esperer aucun sommeil,
Jusques au lever du Soleil.
C'est alors qu'avec violence,
L'assaut du mâle recommence;
La femelle pousse des cris
Plus haut qu'un chat qui se sent pris;
Il ne lui laisse aucune plume,
[Ce qui dût lui causer un rhume]
Après tout quittant son rocher,
Comme s'il s'en alloit chercher
Quelque Gibier pour la Malade,
Il va se mettre en embuscade,
Et s'en revient sur le midi
Portant d'un air fier & hardi

Le chef du Milan adultere,
Et le dépose dans son aire,
Pour percer jusqu'au fond du cœur
L'objet de sa coupable ardeur.
Après le coup de sa vengeance
Il disparut en diligence
Et fut en des Païs loingteins,
Chercher de plus heureux destins.
Notre Irlandois tint un bon compte
De tout ce qu'ici je raconte,
Il le calcula par ses doigts,
Il y reflechit mille fois,
Et tirant une consequence
Pour son Païs & pour la France,
Il se dit souvent à par soi;
Je ne m'étonne pas ma foy,
Que nos amoureuses femelles
Quand elles quittent leurs ruelles
Avec leurs galands favoris
Pour imposer à leurs maris,
Arrangent cheveux & coëffures:
Ce soin cause leurs avantures,
Et de mille soupçons jaloux
Délivrant leurs fâcheux époux,
Les sauvent elles-mêmes des peines
Que meriteroient leurs fredaines.
L'Aigle en vouloit user ainsi
C'étoit là son plus grand souci;
Mais n'ayant pas eu l'avantage

De se premunir d'un lavage
Le malheur du bassin couvert
Fit qu'elle fut prise sans vert.
Cher Philereme à ta lumiere ;
Que ce conte offre de matiere
Pour y répandre ses brillans
Et faire valoir tes talens.
Tu connois mieux que moi les femmes,
Leur cœur, leur genie, & leurs flames :
Et tu peux marquer les détours-
Qu'elles prennent dans leurs amours.
Ma froideur de cette science
M'impose l'entiere ignorance :
Si j'en reçois quelque rayon
Je m'en sers comme d'un crayon,
Que m'a mis en main la nature
Pour dessiner une avanture,
Dont la tienne avec ton pinceau
Nous peut faire un parfait tableau.
Je te le dirai sans emphase :
Avec une espece d'extaze
Je lirois tes reflexions
Sur les galantes passions,
Qu'on voit troubler des volatilles,
Et le repos & les familles.
On parle tant des animaux
On écrit leurs biens & leurs maux ;
Mais as tu lû dans quelque page
Qu'ils s'offensent du cocuage ?

C c

Et se fassent un point d'honneur
D'avoir seuls le corps & le cœur ?
Aurois tu crû qu'une femelle
Sentant d'amour une étincelle,
Brûlât du violent desir
De joüir d'un brutal plaisir
Dans le temps même qu'elle couve ?
Sçachant que la chienne & la louve
Se refusent à tout deduit
Dès qu'elles ont conçu leur fruit !
C'est en vain que l'homme s'entête
D'agir autrement que la bête ;
Je ne sçais qui fait le plus mal,
Tout m'y paroît assés egal :
Et je crois qu'au même principe
L'un comme l'autre participe.
Et par ainsi leurs sentimens
Leurs manœuvres, leurs mouvemens,
Leurs coleres, leurs jalousies,
Leurs transports & leurs phrenesies,
Dans leurs ames & dans leurs corps
Ont aussi les mêmes ressorts.

FIN.

APPROBATION.

J'Ay lû par l'ordre de Monseigneur le
Garde des Sceaux les Amours a la
Mode, ou les De'meslez de l'Amour.
A Paris le 5 d'Aoust 1724.

BLANCHARD.

remis dans le même état où l'Approbation y aura
été donnée, és mains de notre très-cher & feal
Chevalier, Garde des Sceaux de France le Sieur
Fleuriau d'Armenonville, Commandeur de nos
Ordres, & qu'il en sera ensuite remis deux
Exemplaires dans notre Bibliotheque publique,
un dans celle de notre Château du Louvre, & un
dans celle de notredit très-cher & feal Chevalier;
Garde des Sceaux de France, le Sieur Fleuriau
d'Armenonville, Commandeur de nos Ordres,
le tout à peine de nullité des Presentes, du conte-
nu desquelles vous mandons & enjoignons de
faire joüir l'Exposant ou ses ayans causes, pleine-
ment & paisiblement, sans souffrir qu'il leur soit
fait aucun trouble ou empêchement. Voulons
qu'à la copie desd tes Presentes, qui sera impri-
mée tout au long au commencement ou à la fin
dudit Livre, foy soit ajoûtée comme à l'original.
Commandons au premier notre Huissier ou Ser-
gent de faire pour l'execution d'icelles, to s Actes
requis & necessaires, sans demander autre Permission, & nonobstant clameur de Haro, Charte
Normande & Lettres à ce contraire; CAR tel est
notre plaisir. DONNE' à Paris l'onziéme jour
du mois d'Aoust mil sept cent vingt-quatre. Et
de notre Regne le neufviéme. Par le Roy en son
Conseil. Signé, NOBLET, avec grilles &
paraphe, & scellé du grand Sceau de cire jaune.

*Regiftré fur le Regiftre VI. de la Chambre
Royale des Libraires & Imprimeurs de Paris,
N°. 50. fol. 44. conformément aux anciens Re-
glemens, confirmés par celui du 24 Février
1723. A Paris le 29 Aoust 1724.*

BRUNET,
Syndic.

BIBLIOTHEQUE NATIONALE DE FRANCE
3 7511 00115393 4

www.ingramcontent.com/pod-product-compliance
Lightning Source LLC
Chambersburg PA
CBHW071533030726
47598CB00001B/114